실전편

태극권

제 I 편

이명찬, 박찬대 공저

- 8식태극권
- 16식태극권

도서출판 진영사

태극권 제 I 편

이명찬, 박찬대 공저

2022년 월 일 초판 인쇄
2022년 월 일 초판 발행

발행인 박 진 영
발행처 도서출판 진영사
인천광역시 부평구 주부토로 236번지 인천테크노밸리 U1 지식산업센터 B동 1507호
전화 : 032)505-4207
팩스 : 032)505-4206
E-mail : 0183734207@hanmail.net
신고번호 : 제2007-000001호

ISBN 978-89-6541-
값 ,000원

❖ 본 저서는 "호원대학교 학술연구비의 지원을 받았음"

머리말

현대 의학의 눈부신 발전으로 인하여 평균수명은 연장되었지만 아직도 영원히 풀어야만 하는 인간의 최대의 과제일 것이다. 하지만 문명의 발달과 복잡한 사회 구조 속에서 행복을 누릴 수 있는 것은 인간만이 유일한 특권일 것입니다.

오늘날 인간이 죽지 않고 영원히 사는 것보다는 생명이 다하는 날까지 어떻게 하면 건강하고 양질의 삶을 제공 받으며 행복하게 살 수 있을까? 문명의 발달로 인하여 인간성 상실, 고도화된 산업화 등 급변하는 사회와 무수한 정보 속에서 만병의 근원인 스트레스, 운동 부족 및 영양과다로 인한 현대병 증가 등으로 신체와 정신이 수없이 지쳐있다,

현대 생활 속에서 심신을 정화하고 신체와 정신을 구현하는 수많은 방법 중에는 20세기의 최고의 건강체조인 태극권을 소개하고자 한다. 신체적으로 나약해져 가는 현대인들에게는 시간과 장소 구분 없이 누구에게나 쉽게 배울 수 있는 최고의 건강관리 요법이라고 말할 수 있다.

여기에 소개되는 태극권은 어린이부터 노약자, 남녀노소 누구나 쉽게 따라 할 수 있도록 체계적이며 쉽게 수련할 수 있는 생활태극권을 소개하고자 한다.

태극권은 오랜 역사 속에서 동양의 심오한 철학과 사상 그리고 중의학 및 양생술 등을 바탕으로 마음과 몸을 다스릴 수 있는 오늘날 최적의 운동요법으로 발전한 태극권은 본서에서 태극권의 이해, 체계적인 기본 동작으로 구성되어 있고 태극권 입문자에게 필요한 8식태극권, 16식태극권을 수련하므로 현대인의 스트레스 해소 및 성인병 예방 등 정신 스포츠로서 다양하게 즐길 수 있는 오늘날 최고의 여가 활동이라 하겠다.

공원이나 광장, 각종 스포츠센터 및 주민센터 등지에서 수련하는 태극권 동호인

및 입문자들에게 태극권 이해와 올바른 수련 방법을 소개하므로 보급 및 발전과 국민건강에 일익을 담당하고자 한다.

태극권을 사랑하고 수련하는 전국의 동호인과 입문자에게 조금이라도 건강하고 즐거운 마음으로 수련할 수 있다면 소중한 보람으로 삼으며, 부족한 것은 이해와 관심을 가지고 많은 지도 부탁드립니다.

끝으로 이 자리를 빌려 발간하기까지 선뜻 도와주신 진영사 박진영 대표에게 지면을 빌어 감사의 말씀을 전한다.

본서가 건강태극권으로 생활태극권으로 많은 사람에게 태극권 수련에 밑거름이 될 수 있기를 바란다.

2020. 06

저　자

목 차

제1장 태극권 소개

1. 태극권의 기원

태극권의 기원에 대해서는 다음과 같이 ① 당대의 허선평, 이도자라고 하는 설, ② 원나라 말 명초의 무당산의 도사 장삼봉이라는 설, ③ 양가의 시조 양로선이 태극권을 배운 하남성 온현 진가구의 진왕정 전후시대으로부터 명말의 무부 진왕정 창시설, ④ 태극권의 양의문으로서 읽혀 지고 있는 태극권 기법의 저자 왕종악의 창시설, ⑤ 진가구의 시조 진복의 창시설 등 다섯 가지 정도였으나 하남성 온현 진가구의 제9세 진왕정에 시작되었다고 하는 설이 가장 유력하다.[1)]

태극권은 이처럼 무술을 정리하는 중에 음양 사상이나 중국 고대의 도인법, 토납법 등을 결합시키므로 하여 완성된 무술로서 지금에는 오랜 역사를 가지고 있다.

태극권은 오늘날 움직이며 하는 선, 혹은 동기공의 개념으로 받아지며 그 명칭은 주역의 태극팔괘사상에서 비롯되어다 한다. 그 권법 이론도 주역을 응용하여 풀이되고 있다. 한마디로 태극권은 기공의 일종이라고도 할 수 있으며 또한, 중국의 기공 수련자 중 과반수 이상은 태극권 수련자이기도 하다. 태극권이 언제 누구에 의해 완성되었는지는 설이 분분하지만 사상적으로 도가와 유가 사상을 바탕으로 하여 중국의 전통 무술과 도인양생술 등이 결합 되어 탄생하였다고 할 수 있다.

2. 태극권의 종류

1) 현대태극권

태극권은 오랜 세월 전통적으로 내려오는 중국 전통 무술의 특성과 성격을 지닌 전통 태극권과 오늘날 스포츠로 발전하여 취미생활과 건강관리로 어린이와 노약

---

1) 출처: 태극권의 기본 동작에 관한 연구. 명지대학교 예체능연구소. 2002

자 그리고 남녀노소 누구나 부담 없이 행할 수 있도록 개발된 건강 태극권 또는 생활태극권으로 불리어지고 있다. 현재는 각 스포츠클럽이나 센터에서 많은 동호인 증가와 관심을 받으며 국민건강에 일익을 하고 있다. 예로부터 태극권 하면 동작이 어렵고 태극권이 가지고 있는 철학이나 내용 들은 더욱 이해하기 힘들어서 무협영화에서나 보고 마치 도인이나 도사를 연상하게 하였다. 하지만 현대의 태극권은 더욱 간편하고 누구나 쉽게 수련할 수 있도록 보급 발전시키고자 태극권의 기본 동작과 보다 쉽게 이해하고 누구나 수련에 필요한 중심적 내용 들을 체계적으로 정리하여 재미있고 즐겁게 때와 장소를 구분하지 않고 수련할 수 있도록 새롭게 구성하였다.

태극권의 명칭은 정도의 차이와 동작을 중심으로 8식태극권, 16식태극권, 24식태극권 등으로 구분하여 태극권의 특성과 내용을 이해하고 기초부터 체계적인 동작을 통하여 쉽게 수련하므로 더욱 수련에 재미와 효과를 느낄 수 있도록 하였다. 이런 듯 오늘날 태극권은 대중들에게 건강태극권 또는 생활태극권 등으로 우리 생활 속에서 보편화되고 대중적인 명칭과 과학적으로 보다 개선된 동작들로 현대적인 최고의 체조라 할 수 있겠다.

2) 8식태극권(8式太極拳)

8식태극권은 태극권을 배우고자 하는 사람에게 기본 동작과 함께 가장 먼저 접하는 입문형 태극권이다. 또한 가장 근래에 보급된 태극권이며, 특히, 노약자와 연세가 많은 어른신들에게 너무나 좋은 생활형 건강 체조이다. 8식태극권은 총 10가지 동작으로 구성되어 있으며, 보급 초기에는 10식태극권으로도 불리다가 기세와 수세를 제외한 8식으로 다시 재정되어 지금은 8식태극권이라고 한다.

동작의 구성은 8가지의 동작과 각각 동작마다 좌우 대칭으로 행하는 특징으로 구성되어 있다. 동작의 동선은 제자리에서 할 수 있도록 하여 태극권을 처음 배우는 사람들에게 적합한 투로이다.

8가지 동작으로 구성되어 비록 수련 시간은 짧지만, 태극권의 흐림이나 동작의 이해 그리고 특성 등 반복된 수련을 통하여 태극권의 이해도를 높였다.

8식태극권에서 나오는 동작을 살펴보면 권굉세, 루슬요보, 야마분종, 운수, 람작미 등의 동작들은 태극권의 가장 기본적이면서도 상징적인 동작들로 구성되어 있으므로 태극권의 체계적인 수련과 향상도를 높이는데 기초과정으로 손색이 없으면서 중요한 과정이다.

제 1식 기　세(起勢)
제 2식 권굉세(卷肱勢)
제 3식 루슬요보(摟膝拗步)
제 4식 야마분종(野马分鬃)
제 5식 운　수(云手)
제 6식 금계독립(金鸡獨立)
제 7식 등　각(蹬脚)
제 8식 람작미(揽雀尾)
제 9식 십자수(十字手)
제10식 수　세(收勢)

3) 16식태극권(16式太極拳)

16식태극권은 백학량시, 진보반란추, 여봉사폐, 단편, 수휘비파, 좌우천사, 해저침, 섬통비 등 9가지의 동작이 추가되어 총 16가지 동작으로 구성되어 있다. 일정한 방향의 동선과 앞뒤 방향 전환 등으로 8식태극권보다 다소 묘미가 있다. 특히, 16식태극권부터는 태극권의 입문 과정인 초급과정을 끝내고, 중급과정으로 입문하는 과정이라 할 수 있겠다. 이때부터 수련에 대한 진정한 묘미를 느낄 수 있으며 일정한 근력과 체력, 유연함, 호흡 등 약간의 전문적인 체력과 기초체력이 필요하다.

태극권 입문자는 수련하는 데 있어서 필요한 정확한 동작과 동작, 동작의 연결, 흐름, 다양한 신체 동작에서 느리고 부드럽게 체중을 이동 등 이러한 복합적인 신체 활동이 신체적인 면에서뿐만 아니라 정신적인 면에서도 자기효능감 및 인지기능에 긍정적으로 작용한다. 그렇기 때문에 매일 수련하는 태극권 입문자는 태극권이 지니고 있는 효능과 효과를 이때부터 직접 체감하면서 한층 더 수련에 저진 할 수박에 없다.

제 1식 기　세(起勢)
제 2식 좌우야마분종(左右野马分鬃)
제 3식 백학량시(白鹤亮翅)
제 4식 좌우루슬요보(左右搂膝拗步)
제 5식 진보반란추(進步搬瀾錘)
제 6식 여봉사폐(如封似闭)
제 7식 단　편(单鞭)
제 8식 수휘비파(手挥琵琶)
제 9식 도권굉(倒卷肱)
제10식 좌우천사(左右穿梭)
제11식 해저침(海底針)
제12식 섬통배(閃通背)
제13식 운　수(雲手)
제14식 좌우람작미(左右攬雀尾)
제15식 십자수(十字手)
제16식 수　세(收勢)

3. 전통태극권

전통 태극권의 유파로는 진가, 양가, 오가, 무가, 손가 등의 태극권이 있다.

1) 진가태극권(陳家太極拳)

진가태극권은 명말 청초 지금의 하남성 진가구에 모여 살던 진씨 일족의 9세손인 진왕정이란 사람이 창시하여 오늘에 이르렀다고 한다. 이것이 오늘날 진가태극권으로 불리며 현재 유행하는 모든 태극권의 대명사로 대표되고 14대 진장흥에 이르러 크게 빛을 발하게 되며 일대 전환기를 맞게 된다.[2)]

2) 양가태극권(楊家太極拳)

양가태극권은 현재 태극권을 수련하는 중국인의 수련자 중 절대다수를 차지하며 그 시조는 양로선이다. 양로선은 원래 진가구의 한약방에서 관리인으로 일하다. 성실성과 무술에 대한 열정을 인정받아 진장흥에게 정식으로 사사하게 된다. 양로선은 후일 청나라 왕실의 무술 교련으로 일하게 되는데 허약한 왕족의 체질을 고려 진가태극권 중의 결렬하고 어려운 동작을 간결하고 부드러운 동작으로 바꾸었고 그 손자인 양등포에 이르러 현재 유행하는 양가태극권으로 확정된다. 양가태극권은 동작이 크고 유연하며 또한 간결하여 누구나 쉽게 배울 수 있어 태극권을 배우려는 사람들에게 크게 환영 받고 있다.[3)]

3) 오가태극권(吳家太極拳)

오가태극권은 오전우가 양로선과 그 아들 양반후에게 배운 태극권을 오의 아들 오감천이 연구 발전시켜 보급한 태극권으로 동작이 크지도 작지도 않게 알맞으며 매우 부드러운 게 특징이다.[4)]

4) 무가태극권(武家太極拳)

무가태극권은 무양이 처음에는 양로선에게 후에 진가구의 15인 진청평에게 사사한 후 변형 발전시킨 태극권이다. 무씨 집안이 부유하여 외부인에게 적극적으로 보급하지 않아 밖으로 널리 퍼지지는 않았으나 태극권의 중요한 유파로 꼽힌다. 특징은 동작과 보법이 매우 경쾌하며 동작은 비교적 작은 편이다.[5)]

---

2) 출처: 태극권의 기본 동작에 관한 연구. 명지대학교 예체능연구소. 2002
3) 출처: 태극권의 기본 동작에 관한 연구. 명지대학교 예체능연구소. 2002
4) 출처: 태극권의 기본 동작에 관한 연구. 명지대학교 예체능연구소. 2002
5) 출처: 태극권의 기본 동작에 관한 연구. 명지대학교 예체능연구소. 2002

5) 손가태극권(孫家太極拳)

손가태극권은 손록당에 의해 창시됐다. 손록당은 본래 형의권과 팔괘장으로 북경에서 유명한 고수였다. 같은 시기에 무가태극권의 대가인 학위진이 북경에서 큰 병을 앓게 되는데 손록당의 도움으로 완쾌하게 된다. 이것이 인연이 되어 학위 진에게서 무가태극권을 배우게 되며 형의권, 팔괘장, 태극권의 정수를 한데 모아 손가 태극권을 창시하게 된다. 특징은 무가태극권과 유사하나 자세가 다른 태극권보다 높은 편이다.[6]

4. 태극권 수련의 효과

태극권 수련은 우리 몸에 존재하는 기운 즉, 기를 말한다. 신체의 생명 에너지의 균형을 맞추고 활용하는 것으로 알려져 있으며, 태극권의 특징인 조용하면서 느리게 그리고 부드러운 움직임 속에서 호흡과 함께 집중할 수 있기 때문에 움직이는 명상이라고도 한다.

태극권 수련은 신체의 에너지(기)가 경락을 통해 흐르도록 하며, 건강과 삶의 질이 나아지는 것을 도모하면, 태극권은 중추 신경계를 자극하고, 혈압을 낮추며, 스트레스를 완화하고, 근육을 탄탄하게 만들고, 소화를 도우며, 노폐물을 제거하는 것으로 나타났다.[7] 특히, 태극권은 신체에 부담이 되지 않은 정도의 강도 및 특유의 유연성으로 인하여 노약자들에게 특히 유익할 수 있습니다. 심지어 휠체어에 앉아서도 태극권을 할 수 있다. 만성 통증이나 굳은 몸으로 고생하는 사람들에게도 좋은 운동이다.

또한 태극권은 오래 앉아서 해야 하는 명상을 대신할 수 있으므로 태극권을 수행하는 동안 우리의 마음은 자연스러운 움직임과 휴식, 심호흡에 집중을 할 수 있으므로 잡념으로부터 벗어날 수 있다.

---

6) 출처:태극권의 기본 동작에 관한 연구. 명지대학교 예체능연구소. 2002
7) 조셉 머콜라 박사 ① 정골학 박사 ② 1984~5년 시카고 정골병원 수석레지던트

1. 심장·혈관 및 순환기 계통을 강화시켜 혈압을 정상화시키고 수족이 따뜻해지며 피부가 부드러워진다.
2. 호흡기 계통을 강화시켜 신체의 산소 대사율을 높여서 집중력이 높아지고 머리가 맑아져서 학업이나 업무의 효과가 증대된다.
3. 간담 계통의 지능을 강화시켜 소화 및 해독 작용을 증가시킨다.
4. 신장 및 방광 계통의 경락을 소통시켜 기의 흐름을 원활하게 하여 정력이 증진되어 생활의 활력이 증대된다.
5. 소화 흡수와 배설작용을 조절하여 비만 및 저체중을 정상체중으로 만들어준다.
6. 근육과 뼈대를 강화시켜 체력이 향상되고 견비통과 요통 및 골다공증 등에 뚜렷한 효과가 있다.
7. 심신을 조화시키고 원기를 왕성하게 하며, 건강한 삶을 유지하게 하는 예방의학으로서의 가치가 매우 크다.[8)]

체력 요소

❖ 근력 : 근육의 수축으로 생기는 힘

❖ 근지구력 : 일정한 근육의 부하에 대하여 지속적으로 대응하는 능력

❖ 심폐지구력 : 심장의 순환계 기능과 폐의 호흡계 기능이 운동을 지속하고 견딜 수 있는 능력

❖ 평형성: 신체의 일정한 자세를 안정적으로 유지 할 수 있는 능력

❖ 협응성: 신체의 움직임을 조화롭고 정확하게 통합 할 수 있는 능력

❖ 유연성: 관절 주변 조직 인대 가동범위와 근육, 건(힘줄)의 신장 능력

8) 출처: 고교수의 태극권 특강. p17. 2005

5. 태극권 기본 동작

1) 수형(手型)

태극권의 수형은 장(掌), 권(拳), 구(句) 세 가지로 나누어지고 태극권을 수련하는 선수나 일반 대중, 동호인들에게 널리 알려진 수형 동작이다.

(1) 권(拳)

권은 네 손가락을 모아서 감아쥐고 엄지를 식지와 중지의 두 번째 마디 위에 놓는 것을 말한다. 양생 적인 것을 목적으로 한다면 주먹은 가볍게 쥐는 것이 유익하고 태극권을 수련한다면 주먹은 때에 따라 세게 혹은 가볍게 쥐는 것이 좋다. 권을 내칠 때 권과 앞 어깨는 직선을 이루며 밖으로나 안으로 휘어서는 안되며 만약 밖으로나 안으로 휘였을 경우 기의 흐름이 방해가 되는 것이다. 손가락을 구부려 주먹을 쥐고 권면을 평형이 되게 하며 또한 주먹을 강하게 쥐지 않는다.

(2) 장(掌)

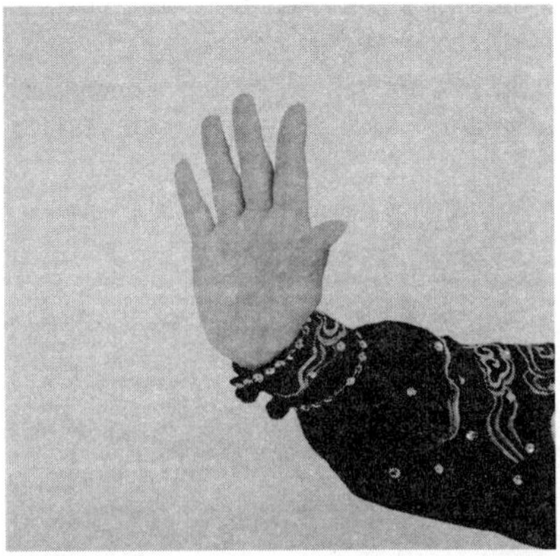

장은 손가락을 폈을 때 곧 장이라고 한다. 수련할 때 장을 자연스럽게 펴는 것을 위주로 하고 다섯 손가락을 자연스럽게 펴고 힘껏 쥐거나 펼칠 것을 요구하지 않으며, 자연스럽게 손가락 사이에는 작은 틈을 남겨 놓을 수 있다. 앞으로 손을 내밀 때 아직 내밀기 전에는 손바닥이 좀 우묵하면서 펴지 않는다. 수련의 정도가 깊어지면 동작의 허실을 알게 되어 장법에서도 일정하게 표현되어 진다.

(3) 구(勾)

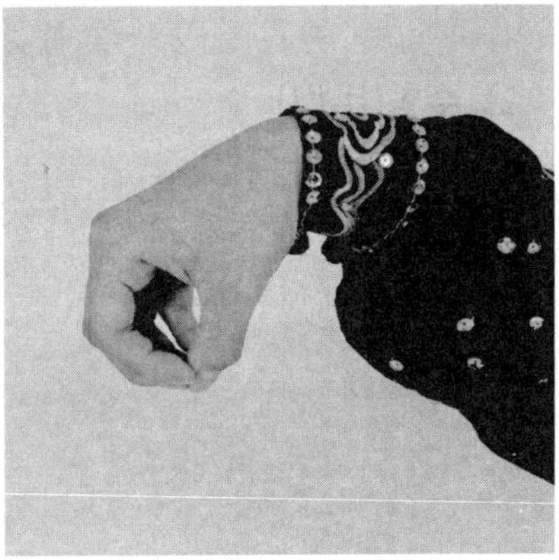

구는 다섯 손가락 끝을 모아 맞대는 것이다. 반드시 다섯 손가락 끝은 부드럽게 서로 접촉되어야 하고 손은 자연스럽게 아래로 내려야 한다. 반드시 주의해야 할 점은 위의 두 가지 수형은 태극권을 수련할 때 상대적으로 변환할 수 있으며 매번 변환될 때 완만함에 주의하며 절대 너무 빠르거나 강하게 힘쓰면 안 된다. 특히, 팔의 관절이 긴장해서는 안 된다. 손의 상태는 손가락 끝을 자연스럽고 부드러우며 무엇인가 따는 것처럼 이루고 손끝은 장심 쪽으로 향하고 손목에 힘을 빼고 자연스럽게 구부린다.

2) 보형(步型)

(1) 마보

마보는 가장 기본이 되는 자세이다. 승마하는 사람이 말을 올라 탈을 때의 다리 모양을 연상하면 된다. 양쪽 발을 좌우로 2~3보의 폭을 두고 옆으로 벌리고 무릎은 절반만 앞으로 구부린다. 이때 무릎은 발끝을 넘어서는 안 된다. 신체 중심은 하단전에 둔다.

- 주의할 점

◆ 가슴을 바르게 세운다.

◆ 허리는 자연스럽고 바르게 편다.

◆ 양쪽 발끝은 약간 밖을 향한다.

(2) 궁보

양쪽 발을 전후 2~3보의 폭을 두고 앞발의 무릎을 구부린다. 이때 구부린 무릎은 발끝보다 앞으로 나가서는 안 된다. 구부린 발은 지면과 수직이 되게 하며 다른 한쪽의 다리는 자연스럽게 뻗으며 안쪽으로 45° 기울게 향하고 양발 모두 착지한다.

- 주의할 점
- ◆ 구부린 각도가 발가락 앞보다 나와 있지 않을 것.
- ◆ 앞에 위치한 구부린 발은 지면과 수직이 되어 있을 것.
- ◆ 뒤에 위치한 다리의 굽힘이 심하거나 너무 쭉 뻗지 말 것.
- ◆ 양발의 폭의 위치가 너무 넓거나 너무 좁지 않을 것.
- ◆ 뒤발의 뒤꿈치가 떠 있지 않을 것.

(3) 허보

한쪽 다리에 몸의 무게 중심을 두고, 다른 쪽 다리는 앞으로 가볍게 발끝을 지면에 닿게 한다. 이때 몸에 중심을 뒷발에 두며 앞에 위치한 다른 쪽 발은 발끝 부분을 가볍게 바닥에 대고 힘은 전혀 실리지 않아야 한다.

- 주의할 점
- ◆ 시선은 전방을 주시하고 조용히 호흡한다.
- ◆ 자세를 바르게 하고 양쪽 발의 각도는 45도를 유지한다.

(4) 부보(仆步)

부보는 기본 보형 중에서 가장 낮은 자세로 초심자가 한 번에 자세를 취하는 것은 무리이므로 조금씩 서서히 자세를 낮추어서 연습해야 한다. 한쪽 다리에 중심을 싣고 무릎을 굽혀 완전히 앉고 대퇴와 장딴지를 밀착시킨다. 무릎과 발끝을 약간 바깥쪽으로 향하고 다른 한쪽의 무릎을 자연스럽게 지면으로 접근시켜 발끝을 안쪽으로 들인다. 양발의 발바닥은 모두 지면에 착지한다.

- 주의할 점

◆ 중심을 싣고 있는 다리가 완전히 대퇴와 장딴지를 밀착시킨다.

◆ 옆으로 뻗은 발은 최대한 뻗는다.

◆ 발바닥을 최대한 지면에 밀착시킨다.

◆ 허리가 굽혀져 있거나 머리를 아래로 숙이지 않게 한다.

(5) 독립보(獨立步)

한쪽 발에 중심을 싣고 곧게 평형을 유지하고 다른 한발은 자연스럽게 들어 올려 비교적 높은 자세를 취한다. 이때 들어 올린 발의 대퇴부는 수평보다 높게 위치한다. 발끝을 기울여 아래로 향한다.

- 주의할 점

◆ 끌어 올린 대퇴부는 수평보다 높게 한다.

◆ 지지하고 있는 다리는 곧게 유지한다.

제2장 8식 태극권

1. 8식 태극권 소개

제 1식	기　세(起勢)
제 2식	권굉세(卷肱勢)
제 3식	루슬요보(搂膝拗步)
제 4식	야마분종(野马分鬃)
제 5식	운　수(云手)
제 6식	금계독립(金鸡獨立)
제 7식	등　각(蹬脚)
제 8식	람작미(揽雀尾)
제 9식	십자수(十字手)
제10식	수　세(收勢)

2. 8식 태극권 동작

1. 기 세(起勢)

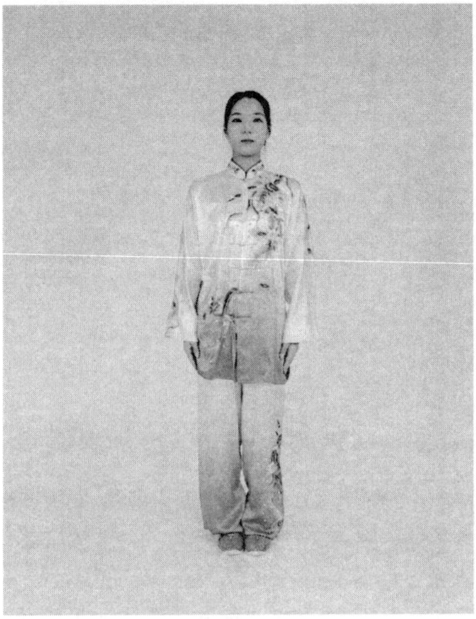

그림 1

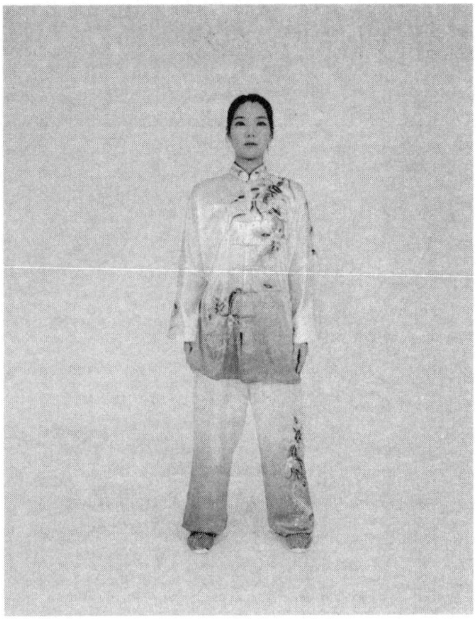

그림 2

그림 3

그림 4

2. 권굉세(卷肱勢)

그림 5

그림 6

그림 7

그림 8

그림 9

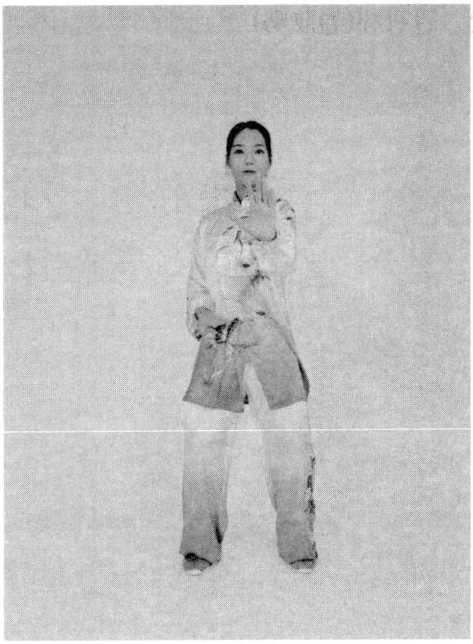

그림 10

3. 루슬요보(摟膝拗步)

그림 11

그림 12

그림 13

그림 14

그림 15

그림 16

그림 17

그림 18

4. 야마분종(野马分鬃)

그림 19

그림 20

그림 21

그림 22

그림 23

그림 24

그림 25

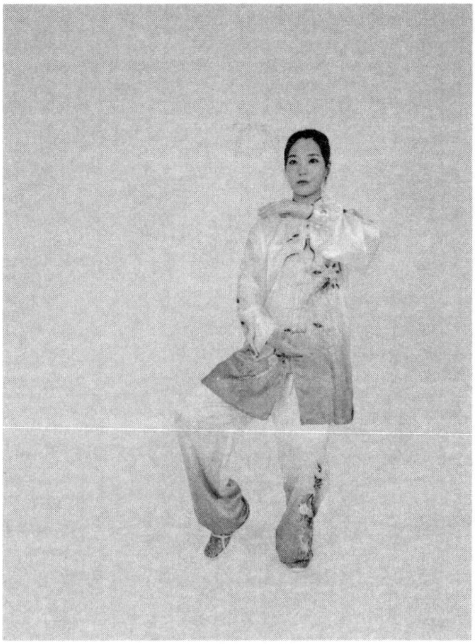

그림 26

그림 27

그림 28

5. 운 수(云手)

그림 29

그림 30

그림 31

그림 32

그림 33

그림 34

그림 35

그림 36

그림 37

그림 38

그림 39

그림 40

그림 41

6. 금계독립(金鸡獨立)

그림 42

그림 43

그림 44

그림 45

7. 등　각(蹬脚)

그림 46

그림 47

그림 48

그림 49

그림 50

그림 51

8. 람작미(揽雀尾)

그림 52

그림 53

그림 54

그림 55

그림 56

그림 57

그림 58

그림 59

그림 60

그림 61

그림 62

그림 63

그림 64

그림 65

그림 66

그림 67

그림 68

그림 69

그림 70

그림 71

그림 72

그림 73

그림 74

그림 75

그림 76

그림 77

9. 십자수(十字手)

그림 78

그림 79

그림 80

그림 81

그림 82

그림 83

10. 수　세(收勢)

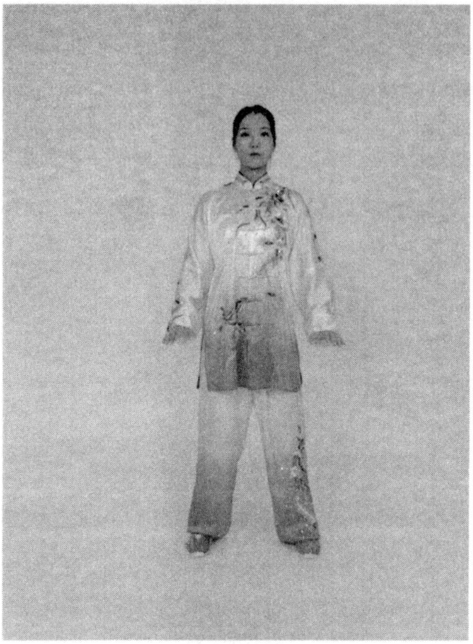

그림 84

그림 85

그림 86

제3장 16식 태극권

1. 16식 태극권 소개

제 1식	기　세(起勢)
제 2식	좌우야마분종(左右野马分鬃)
제 3식	백학량시(白鹤亮翅)
제 4식	좌우루슬요보(左右褛膝拗步)
제 5식	진보반란추(進步搬瀾錘)
제 6식	여봉사폐(如封似闭)
제 7식	단　편(单鞭)
제 8식	수휘비파(手挥琵琶)
제 9식	도권굉(倒卷肱)
제10식	좌우천사(左右穿梭)
제11식	해저침(海底針)
제12식	섬통배(閃通背)
제13식	운　수(雲手)
제14식	좌우람작미(左右攬雀尾)
제15식	십자수(十字手)
제16식	수　세(收勢)

2. 16식 태극권 동작

1. 기 세(起勢)

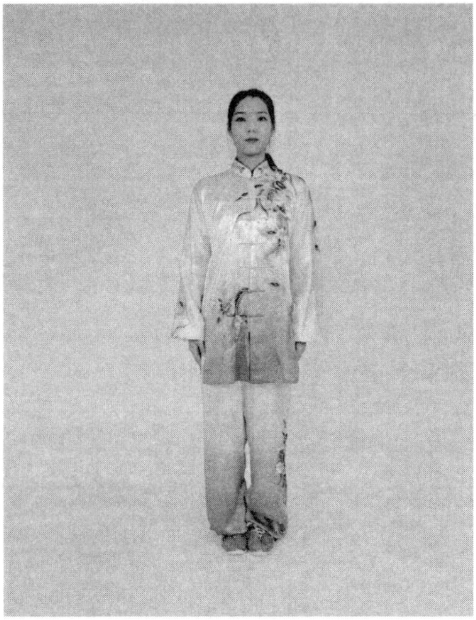

그림 1

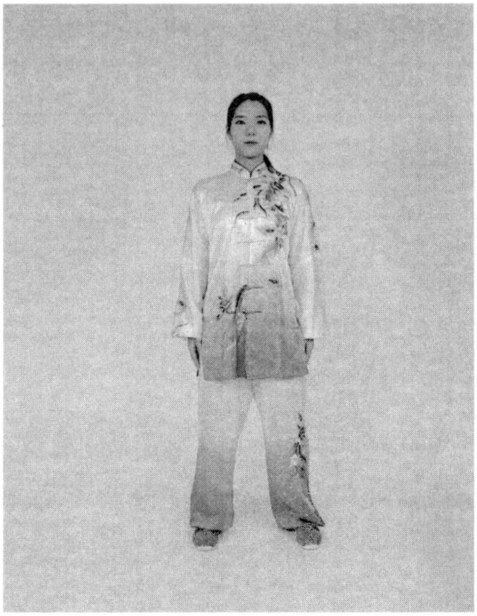

그림 2

그림 3

그림 4

2. 좌우야마분종(左右野马分鬃)

그림 5

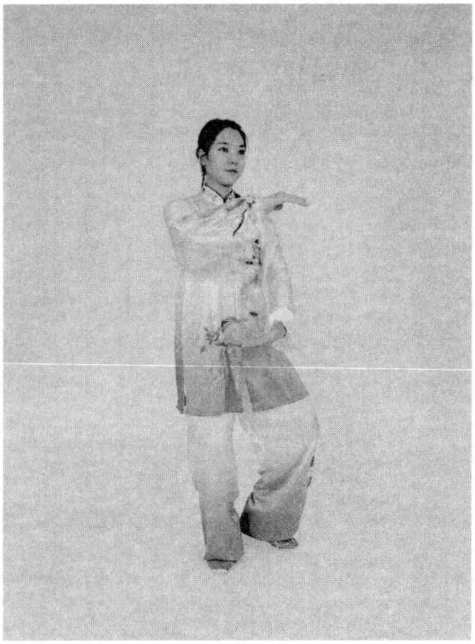

그림 6

그림 7

그림 8

그림 9

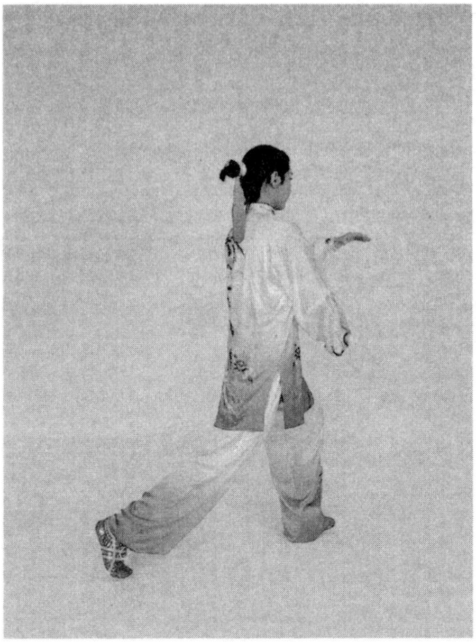

그림 10

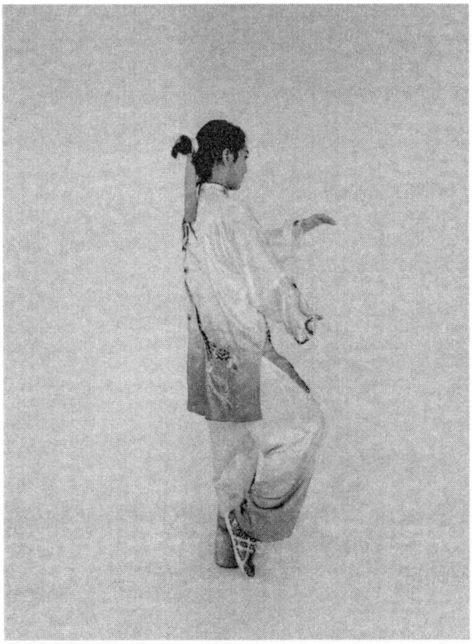

그림 11

그림 12

그림 13

3. 백학량시(白鶴亮翅)

그림 14

그림 15

그림 16

4. 좌우루슬요보(左右褸膝拗步)

그림 17

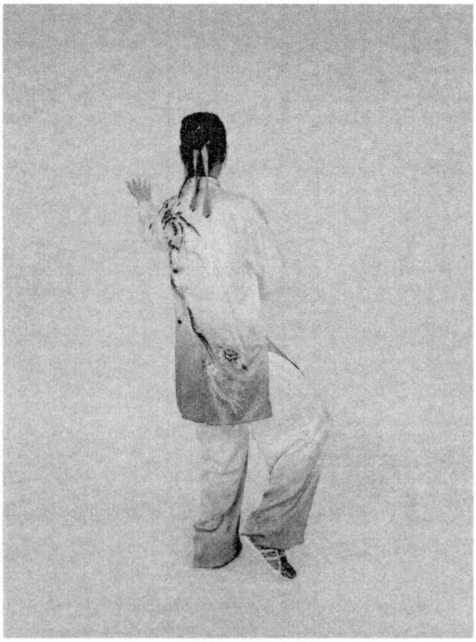

그림 18

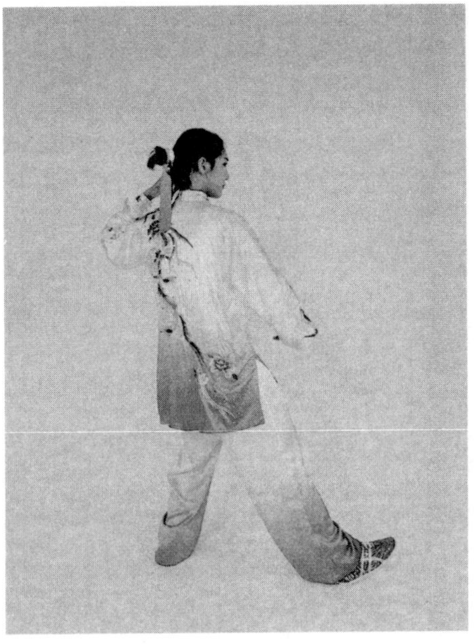

그림 19

그림 20

그림 21

그림 22

그림 23

그림 24

그림 25

5. 진보반란추(進步搬攔錘)

그림 26

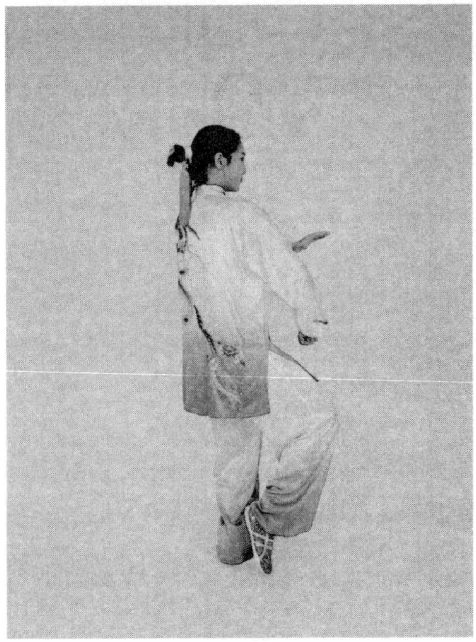

그림 27

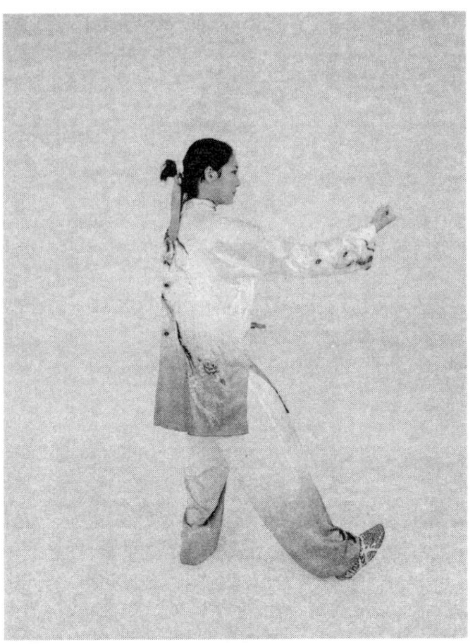

그림 28

그림 29

그림 30

그림 31

6. 여봉사폐(如封似閉)

그림 32

그림 33

그림 34

그림 35

그림 36

7. 단　편(单鞭)

그림 37

그림 38

그림 39

그림 40

8. 수휘비파(手揮琵琶)

그림 41

그림 42

그림 43

9. 도권굉(倒卷肱)

그림 44

그림 45

그림 46

그림 47

그림 48

그림 49

그림 50

그림 51

10. 좌우천사(左右穿梭)

그림 52

그림 53

그림 54

그림 55

그림 56

그림 57

그림 58

그림 59

그림 60

11. 해저침(海底針)

그림 61

그림 62

그림 63

12. 섬통배(閃通背)

그림 64

그림 65

그림 66

13. 운 수(雲手)

그림 67

그림 68

그림 69

그림 70

그림 71

그림 72

그림 73

14. 좌우람작미(左右攬雀尾)

그림 74

그림 75

그림 76

그림 77

그림 78

그림 79

그림 80

그림 81

그림 82

그림 83

그림 84

그림 85

그림 86

그림 87

그림 88

그림 89

그림 90

그림 91

그림 92

그림 93

그림 94

그림 95

그림 96

그림 97

그림 98

그림 99

15. 십자수(十字手)

그림 100

그림 101

그림 102

그림 103

그림 104

그림 105

16. 수　세(收勢)

그림 106

그림 107

- 부 록 -

우슈투로경기규칙

출처: http://wushu.sports.or.kr/wushu/turo/

제1장 경기조직기구

제1조 대회조직위원회

대회조직위원회는(사)대한우슈협회 회장: 대회장, 부회장: 부대회장, 전무이사: 임원장의 당연직 임원을 두며, 대회 유치단체와 공동 조직위원회를 협의할 수 있다.

1. 경기위원회는 대회조직위원회의 통일된 지도에 따라 대회전체의 경기조직업무를 책임진다.
2. 경기위원회는 전국체육대회 및 국제대회유치의 경우는 경기부로 명칭을 쓴다.

제2조 소청위원회

1. 위원장 1명, 부위원장 1명, 위원 약간 인으로 구성한다.
2. 직책:
   1) 출전 팀의 소청을 접수하고, 즉시 판결을 내린다. 단 심판판정결과는 번복할 수 없다.
   2) 소청위원회표결수가 과반수 이상이면 결정은 유효하다. 투표수가 같을 경우는 소청위원회 위원장에게 결정권이 있다. 단, 소청위원회 위원은 본인 소속협회와 관련된 문제의 토론과 표결에는 참가할 수 없다.
   3) 소청위원회의 결정은 최종결정이 된다.

제3조 심판단의 구성

1. 집행심판단의 구성
   1) 총심판장 1인, 부총심판장 1-2인.
   2) 투로 심판조는 심판장 1명, A조 심판원 3명, B조 심판원 3명, C조 심판원 3명 모두 10명으로 구성 배치한다. 단, 회장배, 학생대회, 산타 대회, 태극권대회, 동호인대회 등 각종대회는 대회조직위원회에서 결정한다.
   3) 편성기록장 1인.
   4) 검록장 1인.
2. 업무보조원의 구성
   1) 편성기록원 약간인
   2) 검록원 약간인.
   3) 방송진행원 약간인.
   4) 방송원 약간인.
   5) 소청촬영원 약간인.

제4조 집행심판단의 직책

심판단은 대회조직위원회 지도아래 업무를 진행하며 직책은 다음과 같다.

1. 총심판장
   1) 각 심판조의 업무를 조직, 지도하고 경기규칙집행을 보증하며, 시합 전 각종의 업무준비에 있어 누락여부를 검사한다.
   2) 규칙과 규정을 해석한다. 단 규칙과 규정을 수정할 권한은 없다.
   3) 시합과정 중, 필요에 따라 심판단의 업무를 조정할 수 있다. 심판단의 엄중한 착오 발생시, 처리할 권한이 있다.
   4) 선수나 코치가 경기장에서 무리하게 분쟁을 일으킬 경우, 경고를 줄 권한이 있다. 경고를 듣지 않는 사람에 대해서는 소청위원회에 엄중처리를 건의할 권한이 있으며, 계속하여 불응할 시는 성적을 취소할 권한이 있다.
   5) 시합성적을 심의하고 공표하여 심판업무를 종결한다.

2. 부총심판장

1) 총심판장의 업무를 협조한다.

2) 총심판장 결석 시 한명의 부총심판장이 그 직책을 대행한다.

3. 심판장

1) 자기심판조의 업무학습과 심판업무를 조직하여 실시한다.

2) 선수의 시합 투로에서 창신난도의 가점을 집행한다.

3) 시합 중 재 시합과 투로 규정시간 부족 또는 초과에 대해 감점을 집행한다.

4) 심판원의 엄중한 판정착오 시 총심판장에게 이에 상응한 처리를 건의할 수 있다.

5) B조 연기수준의 채점에 참여한다.

6) 심판장은 시합에 관한 모든 사안은 반드시 총심판장에게 보고할 것과 동의를 구할 의무를 갖는다.

4. 심판원

1) 심판장의 영도에 복종하고 자기조의 심판업무를 처리한다.

2) 규칙에 의하여 독립적으로 채점하고 아울러 상세히 기록한다.

3) 심판원은 선수의 전체 투로에서 동작질량에 대한 채점을 책임진다.

4) 심판원은 선수의 전체 투로에서 연기수준에 대한 채점을 책임진다.

5) 심판원은 선수의 전체 투로에서 난도에 대한 채점을 책임진다.

5. 편성기록장

1) 편성기록조의 업무전체를 책임지며 신청표, 자선투로 난도등급과 채점표를 심의한다. 아울러 대회요구에 근거해서 순서책자를 편성한다.

2) 시합에 필요한 양식을 준비하고 시합성적확인과 순위배열을 심의한다.

3) 성적책자를 편성한다.

6. 검록장

검록조의 업무전체를 책임지며 만약 변경사항이 있으면 총심판장과 방송진행원에게 즉시 보고한다.

제5조 업무보조원의 직책

1. 편성기록원

   편성기록장이 분배하는 임무에 따라 업무를 진행한다.

2. 검록원

   시합순서에 따라 즉시 검록을 진행한다. 아울러 선수의 병기, 복장을 검사한다. 출장선수를 인솔하여 입장시킨 후 심판장에게 검록표를 직접 건네준다.

3. 방송진행원

   관중을 향해 입장하는 선수를 소개하고 시합성적을 보고한다. 경기관련규정, 규칙과 시합 종목의 특징 및 우수 투로운동의 지식을 소개한다.

4. 방송원

   1) 배악종목의 1차 검록 시 음악녹음테이프 또는 CD 수납을 책임지며 시합출장순서에 따라 번호를 매긴다.

   2) 선수가 시합장에 선 다음, 3초 후에 음악을 튼다.

   3) 시합을 마친 즉시 음악녹음테이프 또는 CD를 출전 팀에 반환한다. 잃어버리면 안 되며 다른 사람에게 빌려주거나 복제해서도 안 된다.

5. 촬영원

   1) 모든 경기종목을 현장 촬영을 한다.

   2) 소청위원회의 요구에 따라 상관종목의 녹화방영을 책임진다.

   3) 모든 녹화테이프는 대회조직위원회의 규정에 따라 보존한다.

제2장 경기통칙

제6조 경기성격

1. 경기유형구분

   1) 개인경기, 2) 단체경기, 3) 개인과 단체경기.

2. 부별구분(각종대회 요강에 준한다).

   1) 초등부, 2) 중등부, 3) 고등부, 4)대학부, 5)일반부, 6)전국체육대회는 예외

로 한다.

제7조 경기종목

1. 장권 2. 태극권 3. 남권 4. 검술 5. 도술 6. 창술 7. 곤술 8. 태극검 9. 남도 10. 남곤 11. 대련(도수대련, 기계대련, 도수와 기계대련) 12. 집체종목 13. 전통권 외 등

제8조 연령별경기구분

1. 성 년 조: 18세(18세 포함) 이상.
2. 청소년조: 12세에서 18세 이하.
3. 아 동 조: 12세 이하.

제9조 소청

1. 제소내용과 범위
   소청위원회는 출전 팀이 시합 중 자기 팀 선수에 대해 심판장감점과 C조 심판 판정에 대한이의의 소청을 수리한다.
2. 소청절차와 요구
   만약 참가팀이 자기 팀의 심판판정결과에 대해 이의가 있을 때 반드시 그 경기장의 그 종목의 시합 종료 후 15분 내에 해당 팀 대표 또는 코치가 서면형식으로 소청위원회에 제소한다. 동시에 미화 $100(한화 약 100,000원)을 제소비로 교부한다. 한 번의 소청에 한 가지 내용으로 제한한다. 소청위원회는 소청에 대해 심의하고 녹화테이프를 검토한다. 만약 심판조의 판정이 정확하면 소청한 팀은 반드시 결과에 복종한다. 만약 불복하거나 무리하게 분쟁을 일으킬 경우 상황의 경중에 따라 소청위원회는 대회조직위원회에 엄중한 처리와 시합 성적 취소를 건의할 수 있다. 만약 심판조의 착오에 속하는 판정시 소청위원회는 대회조직위원회에 오판의 판정에 대해서 관련규정에 따른 처리를 제기한다. 아울러 소청비는 돌려준다. 단, 심판판정 결과는 번복할 수 없다.

제10조 경기순서의 확정

경기위원회와 총심판장의 감독 아래 편성기록조가 추첨에 의해 출전순서를 결정하고 예선과 결선 시합이 있을 때는 그 결승전 시합의 출전순서는 예선전의 성적이 낮은 선수부터 높은 선수로 한다. 만약 예선전 성적이 같을 때는 추첨에 의해 출전순서를 결정한다.

제11조 검록

선수는 반드시 시합 30분전에 지정 지점에 도착하여 도착보고하고 제1차 검록에 참가 한다. 아울러 복장과 기계를 검사받는다. 시합 20분전에 제2차 검록하고 시합 10분전에 제3차 검록을 한다.

제12조 예의

선수는 입장호명 시와 투로 완성 후 심판장을 향해 포권례를 한다.

제13조 계시

선수가 정지 자세에서 동작을 시작하면 계시를 시작하고 선수가 투로 완성 후 두발을 모아서면 계시도 종료한다.

제14조 점수공개

선수의 시합 결과 점수를 공개한다.

제15조 기권

선수가 검록과 시합의 규정 시간에 참가하지 못하면 기권으로 처리한다.

제16조 약물검사

국제올림픽헌장의 규정과 국제올림픽위원회의 관련 요구에 의거 하여 약물검사를 한다.

제17조 순위판정

1. 개인종목(대련포함) 순위

   시합성적의 우열에 따라 순위를 배열한다. 최고 득점자가 그 항목의 1위가 되고 그 다음으로 높은 자가 2위가 되는 순으로 유추하여 처리한다.

2. 개인전능 순위

   각 종목의 득점총계의 우열에(또는 확정규정방법에 근거) 따라 판정하고 최고 득점자가 전능 1위가 되며 그 다음으로 높은 자가 2위가 되는 순으로 유추하여 처리한다.

3. 집체순위

   최고득점을 받은 자가 그 종목의 1위가 되고 그 다음으로 높은 자가 2위가 되는 순으로 유추하여 처리한다.

4. 단체순위

   단체순위 확정 방법에 관련된 경기 규정에 근거하여 판정한다.

5. 동점처리

   1) 개인종목의 동점처리.

      (1) 완성된 동작난도등급이 높은 자 순으로 한다.

      (2) 완성된 높은 등급의 난도동작이 많은 자 순으로 한다.

      (3) 난도득점이 높은 자 순으로 한다.

      (4) 여전히 같을 때는 연기수준득점이 높은 자 순으로 한다.

      (5) 여전히 같을 때는 연기수준감점이 적은 자 순으로 한다.

      (6) 여전히 같을 때는 공동순위로 한다.

      (7) 만약 예선과 결선이 있는데 성적이 같을 때는 예선성적이 높은 자 순으로 한다. 다시 같을 때는 결선성적으로 상술된 조항에 맞춰 순위를 판정한다.

   2) 개인전능점수가 같을 경우 시합 중 개인종목 1위가 많은 자 순으로 한다. 여전히 같을 경우 2위를 많이 한 자 순으로 유추하여 처리한다. 만약 얻은 순위가 같을 경우 공동순위 로 한다.

3) 무난도 요구 종목의 성적이 같을 시 개인 종목득점이 같을 시의 처리 방법 제4, 5, 6조에 따라 순위를 판정한다.
4) 단체총점이 같을 경우 팀 전체가 획득한 개인종목 1위가 많은 순으로 한다. 여전히 같을 경우 2위를 많이 획득한 순으로 유추하여 처리한다. 획득한 개인종목 순위가 같을 경우 공동순위로 한다.

제18조 창신동작난도의 신고

1. 창신원칙

반드시 우슈운동의 본질과 규율에 부합해야 한다. 반드시 비교적 높은 주 종목의 소질(素質)과 주 종목의 기능, 재능으로 완성된 동작으로 구비되어야 한다. 반드시 규칙 중 자선종목 동작난도 내용과 등급 및 배점확정표"에 나타나지 않은 B급(B급 포함) 이상의 동작난도이어야 한다. 도약, 질박류의 번전성(翻转性) 창신난도로 신고하면 반드시 연결난도를 포함한다.

2. 신고절차

1) 하나하나의 창신난도는 오직 한 번의 신고로 제한한다.
2) 신고하는 팀은 반드시 "자선투로 창신난도 신고 심사표"에 기입 한다. 아울러 기술 도해(圖解)와 본인 연기의 영상자료를 경기15일전(도착소인을 기준으로 함)에 (사)대한우슈협회 심판위원회에 도착 신고해야 한다.

3. 감정기구

위원회의 관련 전문가 약간인으로 자선투로 창신을 구성하고 이 항목의 업무를 책임진다.

4. 감정절차

자선투로 창신위원회는 창신원칙에 의거하여 토론한(반드시 3/2 이상의 위원투표로 통과) 후, 창신난도의 동작명칭, 등급, 배점, 코드와 불 부합규정의 확인 기준을 확인하고 아울러 신고한 팀에 즉시 통보한다. 경기 전에 서면형식으로 소청위원회와 심판조에 통지해야 한다.

제19조 경기관련규정

1. 난도기입보고 참가선수는 반드시 경기규칙과 규정에 근거하여 난도를 선택하여, 규정된 인터넷 상의 “자선투로 난도등기와 채점표”에 기입 보고하면 해당 선수의 시합 투로 채점기준으로 확정 된다.
2. 투로 완성시간
   1) 장권, 남권, 검술, 도술, 창술, 곤술, 남도, 남곤 투로의 성년 조는 1분 20초보다 짧아서는 안 되며 청소년(아동포함)조는 1분 10초보다 짧아서는 안 된다.
   2) 태극권, 태극검 자선투로, 집체종목은 3분에서 4분이며 태극권 규정 투로는 5분에서 6분이다.
   3) 대련은 50초보다 짧아서는 안 된다.
   4) 경기종목 투로의 시작과 종료는 반드시 직립자세이다. 대련에서 시작 진행을 바꿀 때에는 반드시 시작 전에 심판장에게 보고한다.
3. 시합음악

   규정 배악 종목은 반드시 음악(가사 없는 것)반주 아래 진행해야 하고 투로의 편배에 따라 음악은 자신이 선택할 수 있다.
4. 시합복장

   심판은 통일된 복장을 입어야 하며, 선수는 우슈 시합복을 입어야 한다.
5. 경기장
   1) (사)대한우슈협회 지정의 시합경기장을 사용한다.

      개인종목의 경기장은 길이 14m, 폭 8m이며 경기장주위로 적어도 2m의 안전지대가 있어야 한다. 집체종목의 경기장은 길이 16m, 폭 14m이며 경기장주위로 적어도 1m의 안전지대가 있어야 한다. 경기장 사방안쪽을 따라 5cm 넓이의 흰색경계선을 명시해야 한다.
   2) 경기장의 바닥과 공간높이가 8m 보다 낮아서는 안 된다.
   3) 두개 경기장간의 거리는 6m 이상이어야 한다.
   4) 경기장의 조명은 수직조도는 1500럭스 이상, 수평조도는 800럭스 이상이

어야 한다.

5) (사)대한우슈협회의 결정에 따라 조정할 수 있다.

6. 시합기계

1) (사)대한우슈협회 지정의 병기를 사용한다.

2) 왼손으로 지검(持劍) 또는 포도(抱刀) 시 검첨 또는 도첨이 귀상단보다 낮아서는 안 된다. 곤의 길이는 선수 본인의 신장보다 낮아서는 안 된다. 창의 길이는 본인이 서서 팔을 곧게 펴들어 올렸을 때 중지 끝보다 낮아서는 안 된다. 남도는 왼손으로 포도 시 도첨이 아래턱보다 낮아서는 안 된다.

7. 시합시설

대형시합에는 촬영기 2~4대, VTR 3대, TV 3대, 그리고 전자채점시스템과 음향시스템 한 조씩을 반드시 배치한다. 단, 경기에 따라 위원회에서 결정한다.

8. 이 규칙보다(사)대한우슈협회 각종대회 요강이 우선한다.

제3장 채점방법과 기준

제20조 자선종목의 채점방법과 기준

1. 채점방법

1) 심판조는 동작질량판정 심판원 3명(A조), 연기수준판정 심판원 3명(B조)와 심판장, 난도판정 심판원 3명(C조)로 구성 된다.

2) 각 종목 시합의 채점기준 만점은 10점이다(창신난도 가점은 불 포함). 그 중 동작질량 배점은 5점, 연기수준 배점은 3점, 난도 배점은 2점이다. 선수가 신청한 난도배점과 연기수준배점 동작질량배점이 선수의 채점 기준이다.

3) A조 심판원은 선수의 현장 동작 완성 시 출현한 각종 착오에 근거하여 감점한다.

4) B조 심판원과 심판장은 선수 전체 투로의 현장연기에 근거하여 등급점수를 판정한다. 아울러 투로 중의 편배착오에 대해 감점한다.

B조 4명이 제출한 등급점수에서 최고점수와 최저점수를 제거하고 취한 중간 두 개점수의 평균치가 연기수중의 등급점수이다.

B조 4명중 최소한 2명이 선수 투로 연기 시 편배착오에 대해 확인이 일치(하나하나 착오의 감점은 반드시 동시에 확인되어야 함)하면 유효하며, 확인된 편배착오의 감점 점수가 편배착오의 감점이다.

5) C조 심판원은 선수의 현장 난도의 완성상황에 따라 확인한다.

2. 채점기준

1) 동작질량의 채점기준

선수의 현장 투로 완성 시 동작규격요구에 부합하지 않을 때 매 출현 시마다 0.1점 감점, 기타착오는 매 출현 시마다 0.1~0.3점 감점한다.(부칙 표 1-1 자선장권, 검술, 도술, 창술, 곤술 동작규격 착오내용과 감점기준; 부칙 표 1-2 자선태극권, 태극검 동작규격 착오 내용과 감점기준; 부칙 표 1-3 자선남권, 남도, 남곤 동작규격 착오내용과 감점 기준; 부칙 표 1-4 자선종목과 무난도 요구종목(종목별) 기타착오내용과 감점 기준을 볼 것)

2) 연기수준의 채점기준

연기수준의 채점은 연기수준등급의 채점과 투로 편배의 채점을 포함한다.

(1) 연기수준등급 채점기준

연기수준등급의 채점기준: 경력(劲力), 협조(协调), 절주(节奏), 풍격(风格), 배악(配樂)의 채점기준에 따라 3등급 9개 점수로 나눈다. 그중 3.00점~2.51점은 우수, 2.50점~1.91점은 보통, 1.90점~1.01점은 미달이다.

연기수준의 총체요구: 동작규범(動作規範), 방법정확(方法正確), 경력충족(劲力充足), 용력순달(用力顺达), 역점준확(力點准確), 수안신(手眼身)법과 보(步)의 배합협조(기계 종목은 몸과 기계의 협조요구), 절주분명(节奏分明), 풍격돌출(风格突出), 동작과 음악의 조화일치, 선수의 전체 연기 중 "연기수준의 총체요구"에 부합하는 정도에 따라 선수의 연기 수준 등급을 확정한다.

(2) 투로 편배의 채점기준

① 선수의 투로 완성 시 "자선투로 내용의 유관규정"에 따라 규정된 하나의 동작내용 결손 시마다 0.2점 감점한다.

② 결구(结构), 포국(布局), 음악(音樂)요구에 불부합자는 착오종류마다 0.1~0.5점 감점 한다.(부칙 표 2-1 자선종목 연기수준등급채점기준과 편배착오내용 및 감점기준)

3) 난도의 채점기준

(1) 동작난도(1.4점)부칙 중 "자선종목 난도내용 및 등급과 배점확정표" 내의 동작난도 규정에 따라 완성한 하나의 A급 동작은 0.2점으로 계산하고 완성한 하나의 B급 동작은 0.3점으로 계산하고, 완성한 하나의 C급 동작은 0.4점으로 계산한다. 동작난도의 누계점수가 1.4점을 초과하면, 1.4점으로 계산한다.(부칙 표 4-1 자선장권, 검술, 도술, 창술, 곤술 난도내용 및 등급과 배점확정; 부칙 표 4-2 자선태극권, 태극검 난도내용 및 등급과 배점확정; 부칙 표 4-3 자선남권, 남도, 남곤, 난도내용 및 등급과 배점확정을 볼 것) 수의 현장 동작난도가 규정요구에 부합되지 않으면, 동작난도의 가점으로 계산하지 않는다.

(부칙 표 4-4 자선장권, 검술, 도술, 창술, 곤술 난도완성 불부합 규정의 확인; 부칙 표 4-5 자선태극권, 태극검 난도완성 불부합 규정의 확인; 부칙 표 4-6 자선남권, 남도, 남곤, 난도완성 불부합 규정의 확인을 볼 것)

(2) 연결난도(0.6점)부칙 중 "자선종목 난도내용 및 등급과 배점확정표" 내의 연결난도 규정에 따라 완성한 하나의 A급 연결은 0.1점으로 계산하고 완성한 하나의 B급 연결은 0.15점으로 계산해 완성한 하나의 C급 연결은 0.2점으로 계산하고, 완성한 하나의 D급 연결은 0.25점으로 계산한다. 연결난도의 누계점수가 0.6점을 초과하면 0.6점으로 계산한다.(부칙 표 4-1 자선장권, 검술, 도술, 창술, 곤술 난도내용 및 등급과 배점확정; 부칙 표 4-2 자선태극권, 태극검 난도내용 및 등급과 배점확

정; 부칙 표 4-3 자선남권, 남도, 남곤, 난도내용 및 등급과 배점확정을 볼 것)선수의 현장 연결난도가 규정요구에 부합하지 않으면 연결난도가 점으로 계산하지 않는다.(부칙 표 4-4 자선장권, 검술, 도술, 창술, 곤술 난도완성 불부합 규정의 확인; 부칙 표 4-5 자선태극권, 태극검 난도완성 불부합규정의 확인; 부칙 표 4-6 자선남권, 남도, 남곤, 난도완성 불부합 규정의 확인을 볼 것)동작난도점수 또는 연결난도점수는 다만 동작난도 1.4점 또는 연결난도 0.6점에서 선택할 수 있다.

(3) 창신난도 가점 신청한 창신난도가 완성되면 심판장은 10점 외에 감정한 가점기준에 따라 가점한다.

기준: 완성된 하나의 B급 창신 동작난도(연결난도 포함)는 0.1점 가점하고, 완성된 하나 의 C급 창신 동작난도(연결난도 포함)는 0.15점 가점하고, 완성된 하나의 C급 초과 창신 동작난도는 0.2점 가점한다. 실패 또는 감정한 창신난도와 부합하지 않으면 가점하지 않는다.

제21조 무난도 요구종목의 채점방법과 기준

1. 무난도 요구종목
   1) 각 종목의 규정 투로 및 각종 투로
   2) 대련종목
   3) 집체종목
   4) 규정 중 난도사용요구가 없는 자선종목
2. 채점방법
   1) 심판조는 동작질량 판정 심판원 3명(A조)과 연기수준 판정 심판원 3명(B조) 및 심판장으로 구성한다.
   2) 각 종목 시합의 만점은 10점이다. 그 중 동작질량의 배점 5점, 연기수준의 배점 5점이다.
   3) A조 심판원은 선수의 현장 동작 완성 시 출현한 각종 착오에 근거하여 감점한다.

4) B조 심판원과 심판장은 선수 전체 투로의 현장 연기에 근거하여 등급점수를 판정한다. 아울러 투로 중의 편배착오에 대해 감점한다.
B조 4명의 심판원이 제출한 등급점수에서 최고점수와 최저점수를 제거하고 취한 중간 두개점수의 평균치가 연기수준의 등급점수이다.
B조 4명중 최소한 2명의 심판원이 선수 투로 연기시의 편배착오에 대해 확인이 일치(하나하나 착오의 감점은 반드시 동시에 확인되어야 함)하면 유효하며 확인된 편배착오의 감점 점수가 편배 착오의 감점이다.

3. 채점기준

1) 동작질량의 채점기준
선수의 현장 투로 완성 시 동작규격과 요구에 부합하지 않으면 매 출현 시마다 0.1점 감점한다. 기타착오는 매 출현마다 0.1~0.3점 감점한다.(부칙 표 1-1 자선장권, 검술, 도술, 창술, 곤술 동작규격 착오내용과 감점기준; 부칙 표 1-2 자선태극권, 태극검 동작규격 착오내용과 감점기준; 부칙 표 1-3 자선남권, 남도, 남곤 동작규격 착오내용과 감점기준; 부칙 표 1-4 자선종목과 무난도 요구종목(종목별) 기타착오 내용과 감점 기준; 표 6 대련종목 동작질량과 기타착오내용 및 감점기준; 표 7 집체종목 동작질량과 기타착오내용 및 감점기준을 볼 것)

2) 연기수준의 채점기준
연기수준의 채점은 연기수준등급의 채점과 투로 편배의 채점을 포함한다.

(1) 연기수준등급의 채점기준
연기수준등급의 채점기준: 경력(劲力), 협조(协调), 절주(节奏), 풍격(风格), 배악(配樂)음의 채점기준에 따라 3등급 9개 점수로 나눈다. 그중 5.00점~4.21점은 우수, 4.20점~3.01점은 보통, 3.00점~1.51점은 미달이다.
연기수준의 총체요구: 동작규범(動作規範), 방법정확(方法正確), 경력충족(劲力充足), 용력순달(用力顺达), 역점준확(力點准確), 수안신(手眼身)법과 보(步)의 배합협조(기계 종목은 몸과 기계의 협조요구), 절주분명

(节奏分明), 풍격돌출(风格突出), 내용충실(内容充实), 편배합리(编排合理), 동작과 음악의 조화일치 선수의 투로연기 중 "연기수준의 총체요구"에 부합하는 정도에 따라 선수의 연기수준 등급점수를 확정한다.

(2) 투로 편배의 채점기준

① 선수의 투로 완성 시 "무난도 요구종목 연기수준 편배착오내용과 감점기준의 규정"에 따라 하나의 규정동작내용 증가 또는 결손시마다 0.20점 감점한다.

② 결구(结构), 포국(布局), 음악(音樂) 요구에 불부합자는 착오종류마다 0.1~0.5점 감점한다.

(부칙 표 5 무난도 요구종목 연기수준등급채점기준과 편배착오감점기준을 볼 것)

제22조 심판원의 점수 제시

1. A조 심판원은 소수점 첫째자리까지의 점수만 제시할 수 있다.
2. B조 심판원과 C조 심판원은 소수점 둘째자리까지 점수만 제시할 수 있다.

제23조 당연득점수의 확정

1. 자선종목

동작질량 당연득점, 연기수준 당연득점과 난도 당연득점이 자선종목선수의 당연득점수이다.

1) 동작질량 당연득점의 확정

A조 심판원 3명이 선수의 현장 연기 시 출현한 동작규격착오와 기타착오를 자선종목 동작 규격과 기타착오내용 및 감점기준의 요구에 따라 감점한다. 2명 이상의 심판원이 선수의 동일한 동작착오와 기타착오 감점의 누계가 선수의 당연감점이다. 동작질량의 배점에서 당연감점을 뺀 점수가 곧 선수의 종작질량 당연득점이다.

2) 연기수준 당연득점의 확정

연기수준등급점수에서 편배착오의 감점을 뺀 점수가 곧 선수의 연기수준당연득점이다.

3) 난도 당연득점의 확정

C조 심판원 3명이 선수의 현장 동작난도와 연결난도에 대하여 확인한다. 자선종목 동작난도와 연결난도 가점기준 요구에 따라 2명 이상의 심판원이 가점으로 확인한 점수가 곧 선수의 난도 당연득점이다.

2. 무난도 요구종목

동작질량 당연득점과 연기수준 당연득점이 곧 선수의 당연득점이다.

1) 동작질량 당연득점의 확정

A조 심판원 3명이 선수의 현장 연기 시 출현한 동작규격착오와 기타착오를 자선종목 동작 규격과 기타착오내용 및 감점기준의 요구에 따라 감점한다. 2명 이상의 심판원이 선수의 동일한 동작착오와 기타착오 감점의 누계가 선수의 당연감점이다. 동작질량의 배점에서 당연감점을 뺀 점수가 곧 선수의 동작질량 당연득점이다.

2) 연기수준 당연득점의 확정

연기수준등급점수에서 편배착오의 감점을 뺀 점수가 곧 선수의 연기수준 당연득점이다.

제24조 최후득점의 확정

1. 자선종목

심판장이 선수의 당연득점에서 "심판장의 감점"을 빼거나 "창신난도의 가점"을 더한 것이 곧 선수의 최후득점이다.

2. 무난도 요구종목

심판장이 선수의 당연득점에서 "심판장의 감점"을 뺀 것이 곧 선수의 최후득점이다.

제25조 컴퓨터시스템이 없을 때 조작방법

시합의 구체적인 상황에 따라 기록방식을 채용하여 진행한다.

1. 기록원 1~2명.
2. 계시원 1명.
3. 성적 공표원 1명.
4. 구체적인 방법은 부칙을 본다.

제26조 심판장의 가점, 감점

1. 심판장은 완성한 창신난도의 가점에 대해 집행할 수 없다.
2. 심판장은 재경기, 투로 시간 부족 또는 초과규정의 감점에 대해 집행한다.
   1) 재경기: 선수가 객관적인 원인에 의해 시합 중 투로가 중단된 자는 심판장의 허가를 거쳐 한 번에 한해 재경기를 할 수 있으며 감점하지 않는다. 동작유망, 실수, 기계파손 등 의 원인에 의해 시합 중 투로가 중단된 자는 한 번에 한해 재경기를 할 수 있으며 1점을 감점한다. 출장한 선수가 부상으로 인하여 계속 시합을 할 수 없을 때 심판장은 중지를 명할 수 있는 권한이 있고 간단한 치료를 거쳐 곧 시합을 계속할 수 있으면 해당 조 마지막에 안배하여 재경기를 하도록 하고 1점을 감점한다.
   2) 완성한 집체종목, 태극권, 태극검 투로가 규정시간 부족 또는 초과가 5초 이내 자는(5초 포함) 0.1점 감점하며, 5초 이상 10초 이내 자는(10초 포함) 0.2점 감점하는 순으로 유추 하여 처리한다.
   3) 장권, 남권, 검술, 도술, 창술, 곤술, 남도, 남곤, 대련 투로가 규정시간 부족이 2초 이내 자는(2초 포함) 0.1점 감점하며 2초 이상 4초 이내 자는(4초 포함) 0.2점 감점하는 순으로 유추하여 처리한다.
3. 심판원이 채점 중 분명하게 불합리한 현상과 착오가 명백히 나타나더라도 심판원의 점수를 수정할 수 없다.(단, 심판장이 총심판장에게 보고하여 심판원을 교체할 수 있다.)

제4장 자선투로 내용의 규정

제27조 자선장권, 검술, 도술, 창술, 곤술투로 내용의 규정

1. 장권에는 최소한 권(拳), 장(掌), 구(勾) 3종의 수형; 궁보(弓步), 부보(仆步), 허보(虛步) 3종의 보형; 탄퇴(弹腿), 단퇴(踹腿), 후소퇴(后扫腿) 3종의 퇴법; 정주(顶肘)와 구퇴평형(扣腿平衡)을 포함한다.
2. 검술에는 최소한 궁보(弓步), 부보(仆步), 허보(虛步) 3종의 주요보형; 한 개의 지구성평형;자검(刺剑), 괘검(挂剑), 료검(撩剑), 점검(点剑), 벽검(劈剑), 절검(截剑), 붕검(崩剑), 전완화(剪腕花) 등 8종의 주요기계방법을 포함한다(그중 완전한 좌우괘검접배후천괘검(左右挂剑接背后穿挂剑)은 반드시 있어야 한다).
3. 도술에는 최소한 궁보(弓步), 부보(仆步), 허보(虛步) 3종의 주요보형; 전두(缠头), 과뇌(裹脑), 벽도(劈刀), 참도(斩刀), 괘도(挂刀), 운도(云刀), 찰도(扎刀), 배화도(背花刀) 등 8종의 주요기계방법을 포함한다(그중 완전한 전두, 과뇌도는 반드시 있어야 한다).
4. 창술에는 최소한 궁보(弓步), 부보(仆步), 허보(虛步) 3종의 주요보형; 란창(拦枪), 나창(拏枪), 찰창(扎枪), 천창(穿枪), 붕창(崩枪), 점창(点枪), 무화창(舞花枪), 도파(挑把) 등 8종의 주요기계방법을 포함한다(그중 연속 3개를 단번에 완성한 란, 나, 찰창은 반드시 있어야 한다).
5. 곤술에는 최소한 궁보(弓步), 부보(仆步), 허보(虛步) 3종의 주요보형; 벽곤(劈棍), 붕곤(崩棍), 교곤(绞棍), 평륜곤(平抡棍), 운곤(云棍), 착곤(戳棍), 무화곤(舞花棍), 제료화곤(提撩花棍) 등 8종의 주요기계방법을 포함한다(그중 연속 3개를 단번에 완성한 쌍수제료화곤은 반드시 있어야 한다).

제28조 자선태극권, 태극검 투로 내용의 규정

1. 태극권에는 최소한 두 종류의 퇴법과 궁보, 부보, 허보 등 3종의 보형; 람작미(揽雀尾), 야마분종(野马分鬃), 루슬요보(搂膝拗步), 운수(云手) 좌우천사(左右穿梭), 엄수굉추(掩手肱捶), 도권굉(倒卷肱), 반란추(搬拦捶) 등 8종의 주요

동작을 포함한다.

2. 태극검에는 최소한 궁보, 부보, 허보 등 3종의 보형; 자검(刺剑), 괘검(挂剑) 료검(撩剑), 점검(点剑), 벽검(劈剑), 절검(截剑), 말검(抹剑), 교검(绞剑) 등 8종의 주요기계방법을 포함한다.

제29조 자선남권, 남도, 남곤 투로 내용의 규정

1. 남권에는 최소한 호조(虎爪); 괘개권(挂盖拳), 포권(抛拳) 두 종류의 권법(拳法); 궁보, 부보, 허보, 접보(蝶步), 기룡보(骑龙步) 등 5종의 보형; 기린보(麒麟步), 횡정퇴(横钉腿), 곤교(滚桥)를 포함한다.
2. 남도에는 최소한 궁보, 허보, 기룡보 등 3종의 보형; 전두(缠头), 과뇌(裹脑), 벽도(劈刀), 말도(抹刀), 격도(格刀), 절도(截刀), 소도(扫刀), 전완화도(剪腕花刀) 등 8종의 주요 기계방법을 포함한다(그중 완전한 전두, 과뇌도는 반드시 있어야 한다).
3. 남곤에는 최소한 궁보, 허보, 기룡보 등 3종의 보형; 벽곤(劈棍), 붕곤(崩棍), 교곤(绞棍), 곤압곤(滚压棍), 격곤(格棍), 격곤(击棍), 정곤(顶棍), 포곤(抛棍) 등 8종의 주요기계방법을 포함한다.

- 부 칙 -

1. 자선항목

〈표 1-1 자선종목 장권 동작질량, 자주 나타나는 기타착오 감점내용 및 기준〉

분류	코드		감점내용	자주 나타나는 착오
평형	1	10	반각조천(측척포각, 측조천등)직립	지탱퇴가 굽거나 상거퇴가 굽음.
		11	후척포각직립	지탱퇴가 굽거나 상체가 앞으로 45°를 초과하여 기울.
		12	앙신평형 YSPH	전거퇴가 수평보다 낮음.
		13	십자평형 SZPH	몸통이 수평보다 낮음.
퇴법	2	20	전소퇴 QST	지탱퇴의 대퇴가 수평보다 높음. 소전퇴의 발바닥이 바닥에서 떨어지거나 소전퇴가 굽음.
		21	후소퇴 HST	소전퇴가 굽거나 소전퇴의 발뒤꿈치가 바닥에서 떨어짐.
		22	질수차 DSC	후퇴가 명확히 굽거나 앞발을 안쪽으로 구부려서 바닥에 댐.
도약	3	30	등공비각 TKFJ 선풍각 XFJ 등공파련 TKBL	격향퇴의 발이 어깨를 넘지 못하거나 격박하지 못함.
		31	등공정척퇴 TKZTT	현수퇴가 굽음.
		32	측공번 CKF 측공번전체360도 CKF360°	공중퇴가 명확히 굽음.
		33	선자 XZ 선자전체 XZZT	등공전체 시, 몸통높이가 수평에서 45° 이상(45° 포함) 되거나 다리가 명확히 굽음.
보형 보법	5	50	궁보 GB	앞쪽다리의 무릎이 발등에 이르지 못하거나 발끝을 초과함. 굴준퇴가 수평에 이르지 못하거나 뒤쪽 발꿈치가 떨어짐.
		51	마보 MB	발꿈치가 바닥에서 떨어지거나 굴준퇴가 수평에 이르지 않음. 양발의 거리가 좁거나 몸통이 앞으로 기움.

분류	코드		감점내용	자주 나타나는 착오
		52	허보 XB	뒷발꿈치가 바닥에서 떨어지거나 굴준퇴 대퇴가 수평에 이르지 않음.
		53	부보 PB	굴준퇴가 완전히 앉지 못함. 평부퇴가 굽거나 발바닥을 안쪽으로 구부려서 바닥에 대지 않음.
기계 방법	6	60	괘검, 료검 GJ, LJ	손목이 일직선 임.
		61	전두, 과뇌 CT, GN	도배가 몸에서 멀리 떨어짐.
		62	란창, 나창 LQ, NQ	창첨이 호를 그리지 않음.
		63	입무화창 LWHQ 쌍수제료화곤	입원이 나타나지 않음.
		64	기계포접	기계를 안아서 연결하거나 검병 또는 도병을 한손으로 잡아서 연결하지 못함.
기타 착오	7	70		평형정지시간 2초를 유지하지 못함.
		71		신체 어떤 부위라도 경계선 바깥면에 닿았을 때.
		72		기계촉지, 탈파, 팽신, 만곡변형.
		73		상체황동, 발 이동 또는 도동.
		74		부가지탱 0.2점 감점.
		75		기계절단 0.2점 감점.
		76		도지 0.3점 감점.
		77		기계도지 0.3점 감점.

주의:

1. 기계가 경계선 바깥 면에 닿거나 신체의 어느 부분이 허공을 통해 경기장 밖으로 나가더라도 출계로 판단하지 않는다.
2. 명기되지 않은 것의 감점배점은 모두 0.1점이다.
3. 한 동작에서 한 가지 또는 여러 가지의 자주 나타나는 착오내용이 출현되면, 모두 1차성으로 0.1점 감점하고, 누계하여 감점한다.
4. 한 동작에서 두 가지 이상의 기타착오가 출현되면, 누계하여 감점한다.

〈표 1-2 자선종목 태극권 동작질량, 자주 나타나는 기타착오 감점내용 및 기준〉

분류	코드		감점내용	자주 나타나는 착오
평형	1	14	전거퇴저세평형	전거퇴가 수평보다 낮음.
		15	후삽퇴저세평형	삽출퇴의 발이 바닥에 닿음.
		16	저세전등채각	지탱퇴의 발뒤꿈치가 지면에서 떨어짐. 전등채 다리의 무릎이 굽거나 발끝이 밖으로 벌어지지 않음.
		17	측단평형 CCPH	단퇴가 구부러져서 펴지지 않음.
퇴법	2	23	분각, 등각 FJ, DJ	지탱퇴가 굽거나 상거퇴가 굽음.
		24	파련각 BLJ	격향퇴의 발이 어깨를 넘지 못함.
		25	작지룡 QDL	앞발을 안쪽으로 구부려 바닥에 댐.
도약	3	30	등공비각 TKFJ 선풍각 XFJ 등공파련 TKBL	격향퇴의 발이 어깨를 넘지 못하거나 격박하지 못함.
		31	등공정척퇴 TKZTT	현수퇴가 굽음.
보형 보법	5	50	궁보 GB	굴준퇴를 반 정도 앉지 않거나 뒤쪽 발꿈치가 떨어짐.
		53	부보 PB	굴준퇴가 완전히 앉지 못함. 평부퇴가 굽거나 발바닥을 안쪽으로 구부려서 바닥에 대지 않음.
		54	상보 SB	앞쪽다리로 지탱 시, 발이 45°를 초과해서 벌어지거나 뒤쪽다리 상보 시, 발이 바닥에 끌림.
기계 방법	6	60	괘검, 료검 GJ, LJ	손목이 일직선 임.
기타 착오	7	71		신체 어떤 부위라도 경계선 바깥 면에 닿았을 때.
		72		기계촉지, 탈파, 팽신, 만곡변형.
		73		상체황동, 발 이동 또는 도동.
		74		부가지탱 0.2점 감점.
		76		도지 0.3점 감점.
		77		기계도지 0.3점 감점.

주의:

1. 기계가 경계선 바깥 면에 닿거나 신체의 어느 부분이 허공을 통해 경기장 밖으로 나가더라도 출계로 판단하지 않는다.
2. 명기되지 않은 것의 감점배점은 모두 0.1점이다.
3. 한 동작에서 한 가지 또는 여러 가지의 자주 나타나는 착오내용이 출현되면, 모두 1차성으로 0.1점 감점하고, 누계하여 감점한다.
4. 한 동작에서 두 가지 이상의 기타착오가 출현되면, 누계하여 감점한다.

〈표 1-3 자선종목 남권 동작질량, 자주 나타나는 기타착오 감점내용 및 기준〉

분류	코드		감점내용	자주 나타나는 착오
퇴법	2	20	전소퇴 QST	지탱퇴의 대퇴가 수평보다 높음. 소전퇴의 발바닥이 바닥에서 떨어지거나 소전퇴가 굽음.
		26	횡정퇴 HDT	정퇴를 직선으로 펴거나 가로선을 이루어 차지 않음.
도약	3	30	선풍각 XFJ 등공파련 TKBL	격향퇴의 발이 어깨를 넘지 못하거나 격박하지 못함.
질박	4	40	등공반퇴, 360°측박 TKPJ	파동퇴의 발이 머리를 넘지 못함.
		41	이어타정직립 LYDTZL	손을 바닥에 지탱함.
		42	등공쌍측단 TKSCC	단출퇴가 모아지지 않거나 굽음.
보형보법	5	50	궁보 GB	굴준퇴를 반 정도 앉지 않거나 뒤쪽 발꿈치가 떨어짐.
		51	마보 MB	발꿈치가 바닥에서 떨어지거나 굴준퇴를 반정도로 앉지 않거나 양발의 거리가 좁거나 몸통이 앞으로 명확하게 기움.
		52	허보 XB	뒷발꿈치가 바닥에서 떨어지거나 굴준퇴를 반정도로 앉지 않음.
		53	부보 PB	굴준퇴가 완전히 앉지 못함. 평부퇴가 굽거나 발바닥을 안쪽으로 구부려서 바닥에 대지 않음.
		55	단접보 DDB	궤지퇴의 소퇴 내측이 바닥에 닿지 않음.
기계방법	6	61	전두, 과뇌 CT, GN	도배가 몸에서 멀리 떨어짐.
		65	정곤 DG	파단을 바닥에 세우지 못하거나 초단이 머리보다 낮음.
기타착오	7	71		신체 어떤 부위라도 경계선 바깥면에 닿았을 때.
		72		기계촉지, 탈파, 팽신, 만곡변형.
		73		상체황동, 발 이동 또는 도동.
		74		부가지탱 0.2점 감점.
		75		기계절단 0.2점 감점.
		76		도지 0.3점 감점.
		77		기계도지 0.3점 감점.

분류	코드	감점내용	자주 나타나는 착오
주의: 1. 기계가 경계선 바깥 면에 닿거나 신체의 어느 부분이 허공을 통해 경기장 밖으로 나가더라도 출계로 판단하지 않는다. 2. 명기되지 않은 것의 감점배점은 모두 0.1점이다. 3. 한 동작에서 한 가지 또는 여러 가지의 자주 나타나는 착오내용이 출현되면, 모두 1차성으로 0.1점 감점하고, 누계하여 감점한다. 4. 한 동작에서 두 가지 이상의 기타착오가 출현되면, 누계하여 감점한다.			

〈표 2 자선종목 연기수준 등급의 채점기준〉

등급	급별	점수구분
우수	①급	3.00----2.90
	②급	2.89----2.80
	③급	2.79----2.70
보통	④급	2.60----2.50
	⑤급	2.49----2.40
	⑥급	2.39----2.30
미달	⑦급	2.10----2.00
	⑧급	1.99----1.90
	⑨급	1.89----1.80

〈표 3 자선종목 연기수준 편배착오의 감점내용 및 기준〉

배열	감점내용	코드
내용	규정된 동작내용이 한 동작 감소할 때마다, 0.2점 감점.	80
	동작난도가 한 종류 감소할 때마다, 0.2점 감점.	81
결구	정지자세(평형동작 제외)에서 멈춤 시간이 3초 또는 태극권, 태극검 난도동작 전에 멈춤 출현.	82
	장권류, 남권류 투로 중, 도약, 질부동작 전에 도움닫기 보수가 4보를 초과.	83
	태극권, 태극검 투로 중, 도약동작 전에 도움닫기보수가 1보를 초과.	84
포국	2개 단락 중, 난도동작이 없음.	85
주의: 명기되지 않은 것의 감점배점은 모두 0.1점이다.		

〈표 4 자선종목 동작난도 등급내용과 배점확정표〉

〈표 4-1 장권, 검술, 도술, 창술, 곤술 동작난도 등급내용과 배점확정〉

분류	동작난도등급 및 가점배점					
	A+0.2	코드	B+0.3	코드	C+0.4	코드
평형	반퇴조천직립	111A	십자평형 SZPH	133B	후척포각직립	112C
	측척포각직립	112A				
	앙신평형 YSPH	123A				
퇴법	직신전소540° ZSQS540°	244A	직신전소900° ZSQS900°	244B		
도약	선풍각360° XFJ360°	323A	선풍각540° XFJ 540°	323B	선풍각720° XFJ720°	323C
	선자 XZ	333A	선자전체360° XZZT360°	353B	선자전체720° XZZT720°	353C
	등공파련360° TKBL360°	324A	등공파련540° KBL540°	324B	등공파련720° TKBL720°	324C
	측공번 CKF	335A	측공번전체360° CKFZT360°	355B		
	등공비각 TKFJ	312A	등공정척퇴 TKZTT	312B		

주의:

1. 353C 착지 시 반드시 질수차로 연결해야 한다. 323B 착지 시 반드시 질수차 또는 제슬독립으로 연결해야 한다. 324C 착지 시 반드시 마보로 연결해야 한다. 323C 착지 시 반드시 마보 또는 질수차로 연결해야 한다.
2. 312B 척기퇴는 반드시 기도퇴이다.

〈표 4-2 태극권, 태극검 동작난도 등급내용과 배점확정〉

분류	동작난도등급 및 가점배점					
	A+0.2	코드	B+0.3	코드	C+0.4	코드
평형	전거퇴저세평형	143A	후삽퇴저세평형	143B	측조천등직립	113C
	저세전등채각	142A				
	측단평형 CCPH	132A				
퇴법	등각, 분각 DJ, FJ	212A				
도약	등공비각 TKFJ	312A	등공정척퇴 TKZTT	312B	선풍각540° XFJ540°	323C

분류	동작난도등급 및 가점배점					
	A+0.2	코드	B+0.3	코드	C+0.4	코드
			등공비각향내전체180° TKFJ inward 180°	322B	등공파련540° TKBL540	324C
			선풍각360° XFJ360°	323B		
			등공파련360° TKBL360°	324B		

주의:

1. 312A, 312B, 323B, 324B, 323C, 324C 도약동작의 도약 시 1보만 디뎌서 도약할 수 있다.
2. 312B 척기퇴는 반드시 기도퇴이며, 322B, 323B, 323C 착지 시, 반드시 제슬독립으로 연결해야 하고, 324B, 324C 착지 시 작지룡으로 연결할 때는 왼쪽다리를 앞으로 하여야 한다.

〈표 4-3 남권, 남도, 남곤 동작난도 등급내용과 배점확정〉

분류	동작난도등급 및 가점배점					
	A+0.2	코드	B+0.3	코드	C+0.4	코드
퇴법	직신전소540° ZSQS540°	244A	직신전소900° ZSQS900°	244B		113C
도약	등공비각 TKFJ	312A				
	선풍각360° XFJ360°	323A	선풍각540° XFJ540°	323B	선풍각720° XFJ720°	323C
	등공파련360° TKBL360°	324A	등공파련540° TKBL540°	324B	등공파련720° TKBL720°	324C
	원지후공번 YDHKF	346A	단도후공번 DTHKF	346B		
질박	등공쌍측단 TKSCC	415A	향내전신도720° 벽곤(도)	321B		
	등공반퇴360° 측박 TKPTCP	423A				
	이어타정직립 LYDTZL	445A				

주의:

346A, 346B, 323B 착지 시 반드시 접보로 연결해야 하고 312A, 445A 착지 시 반드시 제슬독립으로 연결해야 하며 324B, 323C, 324C 착지 시 반드시 마보로 연결해야 한다.

〈표 5 자선종목 연결난도 등급내용과 배점확정표〉

〈표 5-1 장권, 검술, 도술, 창술, 곤술 연결난도 등급내용과 배점확정〉

연결난도등급 및 가점배점							
A+0.1	코드	B+0.15	코드	C+0.2	코드	D+0.25	코드
등공비각 +좌반	312A +6	선풍각540° +질수차	323B +4	선풍각540° +제슬독립	323B +3	선풍각720° +질수차	323C +4
선풍각360° +질수차	323A +4	등공파련540° +마보	324B +1	등공파련540° +제슬독립	324B +3	등공파련720° +마보	324C +1
선풍각360° +마보	323A +1	등공파련360° +제슬독립	324A +3	선풍각720° +마보	323C +1	선자전체720° +질수차	353C +4
선풍각360° +좌반	323A +6	선풍각360° +제슬독립	323A +3	선자전체360° +선풍각720° (4보 내)	353B +323C		
등공파련360° +질수차	324A +4	선풍각360° +선자전체720° (4보 내)	323A +353C				
등공파련360° +마보	324A +1	등공비각+ 측공번(1보 내)	312A +335A				
측공번 +질수차	335A +4						
포+창배+접	445A +9						
포+등공비각 +접	312A +9						
주의: 1. 동정연결에서 연결동작은 반드시 정지상태가 나타나야 한다. 2. 병기투로에서 포접은 한 종류만 선택해서 할 수 있다.							

〈표 5-2 태극권, 태극검 연결난도 등급내용과 배점확정〉

연결난도등급 및 가점배점							
A+0.1	코드	B+0.15	코드	C+0.2	코드	D+0.25	코드
등공비각 +기도각착지	312A +8	등공정척퇴 +기도각착지	312B +8	등공파련540° +작지룡	324C +5	선풍각540° +제슬독립	323C +3
저세전등채각 +전체180° 성제슬독립	142A +3	등공비각향내전 체180° +제슬독립	322B +3	선풍각360° +제슬독립	323B +3	등공파련540° +제슬독립	324C +3

연결난도등급 및 가점배점							
A+0.1	코드	B+0.15	코드	C+0.2	코드	D+0.25	코드
전거퇴저세평형 +전체180° 성제슬독립	143A +3	등공비각 +제슬독립	312A +3	등공파련360° +제슬독립	324B +3		
선풍각360° +기도각착지	323B +8	등공파련360° +작지룡	324B +5				
등공파련360° +기도각착지	324B +8	등공비각+ 등공파련540° (무보)	312A +324C				
등공비각+ 등공파련360° (무보)	312A +324B	후삽퇴저세평형+ 파련각전체180° 성제슬독립	143B +3				

주의:
1. 한발 착지 시, 격향(척기)각과 착지하는 발은 당연히 같은 발이다.
2. 동정연결에서 연결동작은 반드시 정지 상태가 나타나야 한다.
3. 작지룡 연결은 한 종류만 선택해서 할 수 있다.
4. 312A+324B와 312A+324C는 반드시 앞의 도약동작 양발 동시 착지 후, 직접 도약해야 한다.

〈표 5-3 남권, 남도, 남곤 연결난도 등급내용과 배점확정〉

연결난도등급 및 가점배점							
A+0.1	코드	B+0.15	코드	C+0.2	코드	D+0.25	코드
선풍각360° +접보	323A +2	원지후공번 +접보	346A +2	선풍각360° +제슬독립	323A +3	선풍각720° +마보	323C +1
등공비각 +제슬독립	312A +3	단도후공번 +접보	346B +2	등공파련360° +제슬독립	324A +3	등공파련720° +마보	324C +1
선풍각360° +등공비각	323A +312A	등공비각향내전 체 180° +제슬독립	322B +3	이어타정직립 +제슬독립	445A +3		
등공파련360° +마보	324A +1	등공외파퇴540° +마보	324B +1				
선풍각360° +단도후공번 (2보내)	323A +346B	선풍각540° +접보	323B +2				
		향내전신도720° 벽곤(도)+부보	321B +0				

연결난도등급 및 가점배점							
A+0.1	코드	B+0.15	코드	C+0.2	코드	D+0.25	코드
주의: 1. 한발 착지 시, 격향(척기)각과 착지하는 발은 당연히 같은 발이다. 2. 동정연결에서 연결동작은 반드시 정지상태가 나타나야 한다.							

〈표 6 자선종목 동작난도와 연결난도완성 시, 불 부합규정 확인표〉

〈표 6-1 장권, 검술, 도술, 창술, 곤술 동작난도와 연결난도완성 시 불 부합규정 확인〉

난도	분류	동작	불 부합규정(가점 없음)
난도동작	평형	반퇴조천직립, 측척포각직립, 십자평형	상거퇴가 수직에 이르지 않음.
		후척포각직립	상거퇴가 수직에 이르지 않음. 어깨를 뒤로해서 척기각을 잡지 않음.
		앙신평형	상체가 수평에서 45° 보다 높음.
	퇴법	직신전소540°, 직신전소900°	소전도수 부족.
	도약	등공정척퇴	미 등공 또는 상척퇴의 발끝이 이마에 닿지 않음.
		등공비각	미 등공.
		선풍각360°, 선풍각540°, 선풍각720°	전체도수 부족 또는 이합퇴의 높이가 수평에 이르지 않음.
		등공파련360°, 등공파련540°, 등공파련720°	전체도수 부족 또는 외파퇴의 높이가 수평에 이르지 않음.
		선자, 측공번	미 등공.
		선자전체360°, 선자전체720°, 측공번전체360°	전체도수 부족.
연결난도	동동연결	등공비각+측공번 선풍각360°+선자전체720° 선자전체360°+선풍각720°	도약동작간의 도움닫기보수가 규정보다 초과.
	동정연결	등공비각+좌반 등공파련360°, 540°, 720°+마보 선풍각360°, 720°+마보	양발이 차례로 착지, 발 이동 또는 도동. 좌반 시, 양 대퇴가 교차되지 않음.
		선풍각360°, 540°+질수차 선풍각720°+질수차, 선자전체720°+질수차 등공파련360°+질수차 측공번+질수차	양발이 차례로 착지, 발 이동.

난도	분류	동작	불 부합규정(가점 없음)
		선풍각360°+제슬독립, 선풍각540°+제슬독립 등공파련360°+제슬독립 등공파련540°+제슬독립	격향각이 단각착지가 되지 않음. 착지 시, 발 이동 또는 도동. 제슬퇴의 발 촉지.
	투감 연결	포+등공비각+접 포+창배+접	등공비각 시, 미 등공. 창배후 엉덩이, 무릎이 바닥에서 떨어지지 않음. 기계를 잡고 연결하지 못하거나, 도채 또는 검수를 잡고 연결.
주의: 1. 전체도약동작에서 양발 착지 또는 전체도약동작에서 마보, 질수차 연결 착지는 도약 시 양발간의 연결선과 착지 시, 양발간의 연결선으로 전체각도수를 계산한다. 2. 전체도약동작에서 한발 착지는 모두 그 발의 도약과 착지 시, 발끝과 발꿈치의 연장선으로 전체각도수를 계산한다. 3. 소전성 퇴법의 소전도수는 소전퇴의 발이 돌기 시작해서 정지한 때까지를 소전도수로 계산한다. 4. 연결동작 중, 323A+353C, 353B+323C의 보수는 도약동작 양발 착지 후 어떤 경우라도 발이 나아가면 보수로 계산한다. 312A+335A의 보수는 도약동작 양발 착지 후 어떤 경우라도 발이 나가면 보수로 계산한다.			

〈표 6-2 태극권, 태극검 동작난도와 연결난도완성 시, 불 부합규정 확인〉

난도	분류	동작	불 부합규정(가점 없음)
난도 동작	평형	전거퇴저세평형, 후삽퇴저세평형	지탱퇴의 대퇴가 수평보다 높음.
		저세전등채각평형	지탱퇴의 대퇴가 수평보다 높음. 전등채각이 바닥에 닿음.
		측단평형	측단각이 어깨보다 낮음. 상체 경사가 45°를 초과함.
		측조천등직립	상등퇴가 수직에 이르지 않거나, 상체 경사가 45°를 초과(45°포함)
	퇴법	등각, 분각	상거퇴의 발뒤꿈치가 어깨보다 낮음.
	도약 동작	등공정척퇴	도약 시, 1보 초과 또는 상척퇴의 발끝이 이마에 닿지 않음.
		등공비각	도약시 1보 초과 또는 미 등공.
		선풍각360° 선풍각540°	도약시 1보 초과, 전체도수 부족 또는 이합퇴의 높이가 수평에 이르지 않음.
		등공파련360° 등공파련540°	도약시 1보 초과, 전체도수 부족, 외파퇴의 높이가 수평에 이르지 않음.

난도	분류	동작	불 부합규정(가점 없음)
난도 연결	동동 연결	등공비각+등공파련360° 등공비각+등공파련540°	도약동작간의 도움닫기보수가 규정보다 초과.
	동정 연결	등공정척퇴+기도각착지 등공비각+기도각착지 선풍각360°+기도각착지 등공파련360°+기도각착지 등공파련360°+작지룡 등공파련540°+작지룡	기도각의 단각착지가 되지 않음. 양발을 차례로 내리거나, 발 이동.
		등공비각+제슬독립 등공비각향내전체180°+제슬독립 선풍각360°+제슬독립 선풍각540°+제슬독립 등공파련360°+제슬독립 등공파련540°+제슬독립	격향각의 단각 착지가 되지 않음. 착지 시, 발 이동 또는 도동. 제슬퇴의 발 축지.
	정정 연결	저세전등채각+전체180° 성제슬독립 전거퇴저세평형+전체180° 성제슬독립 후삽퇴저세평형+파련각전체180°성제슬독립	연결과정 중 황동, 이동, 도동 출현. 전체도수 부족.

주의:

1. 모든 전체 도약동작에서 작지룡 연결 교차착지는 도약 시, 기도퇴(원지기도 전체방향과 같은 방향의 다리가 기준이다.) 발끝과 발꿈치의 연장선과 착지 시, 왼쪽 또는 오른쪽 다리 축선의 연장선으로 전체각도수를 계산한다.
2. 전체도약동작 한발 착지는 모두 그 발의 도약과 착지 시, 발끝과 발꿈치의 연장선으로 전체각도수를 계산한다.
3. 동동연결 중, 312A+324B, 312A+324C는 1보만 딛고 도약해야하고 두발 착지 시는 직접 도약해야 한다.

4 정정연결 중에는 상보를 해서는 안 되며, 모두 지탱발을 위주로 전체한다.

〈표 6-3 남권, 남도, 남곤 동작난도와 연결난도완성 시, 불 부합규정 확인〉

난도	분류	동작	불 부합규정(가점 없음)
난도 동작	퇴법	직신전소 540°, 직신전소 900°	소전도수가 규정보다 부족.
	도약	선풍각 360°, 선풍각 540°, 선풍각 720°	전체도수 부족 또는 이합퇴의 높이가 수평에 이르지 않음.
		등공파련 360°, 등공파련 540° 등공파련 720°	전체도수 부족 또는 외파퇴의 높이가 수평에 이르지 않음.
		원지후공번	도약 전, 발 이보(이동).
		단도후공번	도약보수가 3보 초과(3보 포함).
		향내전신도720°벽곤(도)	전체도수가 규정에 부합치 않음.

난도	분류	동작	불 부합규정(가점 없음)
	질박	등공쌍측단	단출퇴가 수평보다 낮음.
		등공반퇴360°측박	전체도수가 규정에 부합치 않음.
		이어타정직립	몸을 세울 때, 직립상태를 이루지 못함.
난도연결	동동연결	선풍각360°+단도후공번 선풍각360°+등공비각	도약동작간의 도움닫기보수가 규정보다 초과.
	동정연결	선풍각720°+마보 등공파련360°, 540°, 720°+마보 선풍각360°, 540°+접보 향내전신도720°벽곤(도)+부보	두발을 차례로 착지하가나 발 이동 또는 도동.
		원지후공번+접보 단도후공번+접보	공번착지 시, 손이 바닥에 지탱.
		등공비각+제슬독립 등공비각향내전체180°+제슬독립 선풍각360°+제슬독립 등공파련360°+제슬독립 이어타정직립+제슬독립	격향각이 단각 착지가 되지 않음. 착지 시, 발 이동 또는 도동. 제슬퇴의 발 촉지.

주의:

1. 전체 도약동작에서 양발 착지 또는 전체도약동작에서 보형연결 착지는, 도약시, 양 발간의 연결선과 착지 시, 양발간의 연결선으로 전체각도수를 계산한다.
2. 모든 전체도약동작에서 한발 착지는 모두 그 발의 도약과 착지 시, 발끝과 발꿈치의 연장선으로 전체각도수를 계산한다.
3. 소전성 퇴법의 소전도수는 소전퇴의 발이 돌기 시작해서 정지한 때까지를 소전도수로 계산한다.
4. 동동연결 중, 323A+346B의 보수는, 앞의 한 가지 도약동작에서 한발 착지 후, 어떠한 경우라도 발이 나아가면 보수로 계산한다.

2. 대련, 집체항목

〈표 7 대련종목 동작질량, 자주 나타나는 기타착오감점내용 및 기준〉

분류	감점내용	코드
방법	공격부위에서 멀리 떨어지거나 빗나감.	80
	정지자세로 3초를 초과.	81
	공방이 없는 연기로 3초를 초과.	82
배합	치지 못함.	90
	방어하지 못함.	90
	상대를 기다렸다가 공격함.	92
	상대를 잘못 맞춤.	93
기타착오	정세 시, 상체황동, 발 이동 또는 도동.	70
	도지 바닥에 넘어짐.	72
	기계탈파, 팽신, 만곡변형.	73
	기계도지(창두 포함)(0.3점 감점).	74
	출계 신체의 어떤 부위를 막론하고, 경계선 밖에 닿음.	76
	기계절단.	77
	유망 1차.	78

주의:
1. 기계가 경계선 바깥 면에 닿거나 신체의 어느 부분이 허공을 통해 경기장 밖으로 나가더라도 출계로 판단하지 않는다.
2. 이상의 착오가 출현된 사람은 모두 누계하여 감점한다.
3. 기계팽신은 상대의 기계가 자신의 몸에 닿는 것을 가리킨다.
4. 상세히 주를 달지 않은 감점배점은 모두 0.1점 감점이다.

〈표 8 집체종목 동작질량, 자주 나타나는 기타착오감점내용 및 기준〉

분류	감점내용	코드
방법	보형, 퇴법동작이 규격과 요구에 맞지 않음.	84
	도약, 질박 동작이 규격과 요구에 맞지 않음.	85
	기계방법이 규격과 요구에 맞지 않음.	86
배합	동일동작이 일정하지 않음.	93
	팀의 모양이 일정하지 않음.	94
	대련 시, 치지 못하거나 방어하지 못함.	95
	대련 시, 상대를 기다렸다가 공격함.	96
	대련 시, 상대를 잘못 맞추거나 상해를 입힘.(0.2점 감점)	97
기타착오	정세 시, 상체황동, 발 이동 또는 도동.	70
	부가지탱(0.2점 감점)	71
	도지(3점 감점)	72
	기계탈파, 팽신, 만곡변형.	73
	도지(0.3점 감점).	74
	출계 신체 어떤 부위를 막론하고, 경계선 밖에 닿음.	76
	기계절단(0.2점 감점)	77
	유망 1차.	78

〈표 9 대련종목, 집체종목, 동작난도요구가 없는 경기종목별 연기수준등급, 채점기준〉

등급	급별	점수구분
우수	①급	5.00----4.80
	②급	4.75----4.50
	③급	4.45----4.10
보통	④급	4.00----3.80
	⑤급	3.75----3.50
	⑥급	3.45----3.10
미달	⑦급	3.00----2.80
	⑧급	2.75----2.50
	⑨급	2.45----2.10

3. 주요기술동작

1) 장권 CQ

1. 궁보 GB: 궁출퇴 무릎을 반쯤 구부려 앉고, 대퇴는 수평을 이룬다. 다른 한쪽 다리는 곧게 펴서 디디고 발꿈치가 바닥에서 떨어지지 않게 한다.
2. 허보 XB: 굴준퇴 대퇴를 수평으로 하고 발꿈치는 바닥에서 떨어지지 않게 하며, 다른 한쪽다리의 발끝은 바닥에 댄다.
3. 부보 PB: 전준퇴 대퇴를 발꿈치에 접근시키고 다른 한쪽다리는 펴서 바닥에 접근시킨다. 양쪽 발꿈치는 바닥에서 떨어지면 안 된다.
4. 탄퇴 TT: 지탱퇴는 펴거나 약간 구부리고 다른 한쪽다리는 발을 팽팽히 하여 무릎을 굽혔다가 앞을 향해 펴며 찬다. 힘은 발끝에 이르도록 한다.
5. 단퇴 CCT: 지탱퇴는 펴거나 약간 구부리고 다른 한쪽다리의 발은 안쪽으로 구부려 당기고 무릎을 굽혔다가 옆을 향해 뻗어 찬다. 발은 허리보다 높아야 하고 힘은 발바닥에 이르도록 한다.
6. 후소퇴 HST: 지탱퇴의 발꿈치를 세우고 완전히 앉아서 회전한다. 소전퇴의 무릎을 펴서 한 바퀴 또는 그 이상 소전 시킨다. 발꿈치는 바닥에서 떨어지면 안 된다.
7. 정주 DZ: 주먹은 쥐고 팔꿈치는 구부리며 손바닥은 아래로 향하고 팔꿈치 끝을 앞으로 또는 옆으로 친다. 힘은 팔꿈치 끝에 이르도록 한다.
8. 구퇴평형 KTPH: 지탱퇴 무릎을 반쯤 구부려 앉고, 다른 한쪽 다리의 무릎은 구부리고 발끝을 치켜세워 지탱퇴의 무릎 뒤에 팽팽하게 건다.

2) 태극권 TJQ

1. 람작미 LQW: "붕" 팔은 반드시 호형을 갖추고 가슴보다 낮아서는 안되며 궁보전퇴의 무릎이 발끝을 초과해서는 안 된다. "랄" 양손은 반드시 호형으로 운행하고 중심을 뒤로 이동 시 양다리의 허실은 분명해야 하며 상체는 중정

을 유지한다. "제" 양팔은 앞을 향해 반드시 탱원으로 하고 앞쪽 팔은 입보다 높지 않게 한다. "안" 양팔은 반드시 호형으로 운행한다.

2. 야마분종 YMFZ: 손을 나눌 때 양팔은 호형을 유지하며 앞 손의 높이는 머리보다 높아서는 안 되고 어깨보다 낮아서는 안 된다. 궁보전퇴의 무릎이 발끝을 초과해서는 안 된다.
3. 루슬요보 LX: 루수 시 팔을 펴서는 안 되며 추장은 반드시 귀 옆을 지나 앞 방향으로 밀어야 한다. 상보 시 뒷발을 바닥에 끌면 안 되고 지탱퇴의 무릎을 굽히면 안 되며 궁보전퇴의 무릎이 발끝을 초과하면 안 된다.
4. 운수 YS: 허리를 축으로 하여 양손을 움직이며 몸 앞에서 휘감아 비틀어 돌리고 뒤집으며 입원을 만들어 낸다. 손의 높이는 눈썹보다 높아서는 안 되며 중심이 갑자기 높아지거나 낮아져서는 안 된다.
5. 좌우천사 YNCS: 걷어 올리고 앞으로 미는 양손이 협조하여 일치돼야 하며 양팔은 호형을 이루고, 앞으로 미는 손은 눈썹보다 높아서는 안 되며 허리보다 낮아서도 안 된다. 어깨는 가라앉히고 팔꿈치는 늘어뜨리며 허리는 늦추고 엉덩이는 당긴다.
6. 엄수굉추 YSGC: 팔을 안으로 돌리고, 권을 옆구리에서 앞을 향해 구멍을 뚫고 털 듯이 발경한다. 권은 가슴보다 높아서도, 허리보다 낮아서도 안 되며 힘은 권면에 이르러야 한다.
7. 도권굉 DJH: 퇴보는 가볍고 영활하게 신체는 안정돼서 좌우로 삐뚤어지지 않게 앞으로 미는 손끝의 높이는 눈썹보다 높으면 안 되며 어깨보다 낮아서도 안 된다.
8. 반란추 BLC: 손과 팔을 펴서는 안 된다. 반권과 란장의 움직임은 명확한 반원이 요구되며 펴서 움직이면 안 된다. 신체가 회전하며 움직이는 것과 양팔의 동작이 알맞게 배합돼야 한다.

3) 남권 NQ

1. 접보(단접보(DDB)는 반드시 한쪽 다리의 무릎은 구부리고 다른 한쪽다리는

무릎을 꿇어앉으며 소퇴와 발 안쪽은 바닥에 댄다. 쌍접보(SDB)는 반드시 양 무릎을 가까이 하고 양 소퇴와 발의 안쪽은 모두 바닥에 댄다.

2. 기린보 QLOB: 좌우로 연속해서 발을 옆으로 향하게 하여 큰 걸음으로 교차시킨다. 개보 시에는 촉박하게 하고 낙보 시에는 무겁고 힘 있게 한다. 양발은 굴러서 울리지 않는다.
3. 기룡보 QLOB: 한쪽다리무릎을 구부려 앉고 다른 쪽 다리 발꿈치를 세운다. 구부린 무릎을 바닥에 접근시켜 버티고 양다리 사이는 두발 반 정도를 유지한다. 후소퇴는 수평을 이룬다.
4. 괘개권 GGQ: 괘권은 반드시 위에서 아래로 빠르게 덮어 친다. 힘은 권배에 이르도록 한다. 개권은 반드시 위에서 아래로 호형으로 휘둘러 친다. 팔은 약간 구부리고, 힘은 권면에 이른다.
5. 포권 PQ: 팔을 약간 구부리고 아래에서 위를 향해 원형으로 권을 휘두른다. 힘은 권안에 이른다.
6. 횡정퇴 HDT: 발끝을 구부려 치키고, 다리를 구부렸다 편다. 한쪽 측면에서 다른 한쪽 측면으로, 횡으로 찬다. 힘은 발바닥의 외연에 이른다.
7. 호조 HZ: 호조는 다섯 손가락을 벌리는 것이 요구되며, 두 번째, 세 번째 마디를 구부리고 모지를 제외한 나머지 네 손가락의 첫 번째 마디 손등 쪽으로 가능한 힘을 주어 편다. 장심은 볼록 나오게 한다.
8. 곤교 GQ: 앞 팔은 펴서 앞쪽 아래로 향하며 동시에 안쪽으로 돌린다. 힘은 하박 내측에 이른다.

4) 검술 Jian

1. 자검 JJ: 검을 곧게 찌르며 힘은 검첨에 이른다. 팔과 검신은 일직선을 이룬다.
2. 괘검 GJ: 검을 세워서 앞으로부터 위에서 뒤로 또는 아래에서 뒤로 몸에 붙여서 입원으로 감아 돌린다. 힘은 검신 앞부분에 이른다.
3. 료검 LJ: 검을 세워 아래로부터 앞쪽 윗부분을 향해 호형으로 걷어 올 벤다. 힘은 검신 앞부분에 이른다.

4. 점검 DJ: 손목을 제껴서 검을 세우고 검첨을 사용하여 빠르게 앞쪽 아래로 점찍듯이 찍는다. 힘은 검첨에 이른다.
5. 벽검 PJ: 검을 세워서 아래를 향해 쪼개듯이 내리친다. 힘은 검신에 이른다.
6. 붕검 BJ: 손목을 당겨서 검을 세우며 검첨을 사용하여 빠르게 앞쪽 위를 향해 튕겨 친다. 힘은 검첨에 이른다.
7. 절검 JJ: 검신이 사선으로 하여 위로 또는 아래로 향해 벌려 벤다. 힘은 검신 앞부분에 이른다.
8. 전완화 WHJ: 손목을 축으로 하여, 검을 세워서 팔 양측으로 앞쪽 아래를 향해, 몸에 붙여서 입원으로 감아 돌린다. 힘은 검첨에 이른다.
9. 보형: 궁보, 부보, 허보.

5) 도술 DS

1. 찰도 ZD: 도를 곧게 찌르며, 힘은 도첨에 이른다. 팔과 도신은 일직선을 이룬다.
2. 전두 CT: 도첨을 아래로 하여, 도배를 왼쪽 어깨에서 오른쪽 어깨까지 붙여서 감아 돌린다.
3. 과뇌 GN: 도첨을 아래로 하여, 도배를 오른쪽 어깨에서 왼쪽 어깨까지 붙여서 감아 돌린다.
4. 벽도 PD: 도를 세워서 위로부터 아래를 향해 쪼개듯이 친다. 힘은 도인에 이르게 한다.
5. 참도 ZnD: 도를 수평으로 하여, 좌우 횡으로 벤다. 머리보다 높으면 안 되며 어깨 보다 낮으면 안 된다. 힘은 도인에 이른다.
6. 괘도 GD: 도를 세워서 앞으로부터 위에서 뒤로 또는 아래에서 뒤로 몸에 붙여서 입원으로 감아 돌린다. 힘은 도배 앞부분에 이른다.
7. 운도 YD: 도신이 머리 위 또는 머리 앞 위에서 평원으로 감아 돌린다. 힘은 도배에 이른다.
8. 배화도 BHD: 손목을 축으로 하여 도를 몸 앞, 등 뒤에서 몸에 붙여서 아래를 향해 입원으로 감아 돌린다. 힘은 도신에 이른다.

9. 보형: 궁보, 부보, 허보.

6) 창술 QS

1. 란창 LQ: 창첨이 밖으로 호를 긋는다. 머리보다 높으면 안 되며 사타구니보다 낮아서도 안 된다. 힘은 창신 앞 쪽에 이른다.
2. 나창 NQ: 창첨이 안으로 호를 긋는다. 머리보다 높으면 안 되며 사타구니보다 낮아서도 안 된다. 힘은 창신 앞 쪽에 이른다.
3. 찰창 ZQ: 창을 직선으로 찌르며 힘은 창첨에 이른다. 뒷손은 반드시 앞손에 붙인다.
4. 천창 CnQ: 창신은 반드시 목, 허리 또는 팔에 바짝 붙여서 뚫듯이 찌른다. 창신은 곧음이 요구된다.
5. 붕창 BQ: 창첨을 위로 또는 좌우로 향하여 긴박하게 힘을 튕기고 털어쓴다. 힘은 창첨에 이른다.
6. 점창 DQ: 창첨을 위로향하거나, 앞으로 향하거나 아래로 향해 긴박하게 힘을 써서 찌른다. 힘은 창첨에 이른다.
7. 무화창 WHQ: 창신을 몸에 바짝 붙이고 빠르게 연속해서 입원으로 돌린다.
8. 도파 TB: 창파를 아래에서 위로 들어올린다. 힘은 파단에 이른다.
9. 보형: 궁보, 부보, 허보.

7) 곤술 GS

1. 평륜곤: 곤초가 가슴부위이상 좌 또는 우로 반원이상 수평으로 휘두른다. 힘은 곤의 전단에 이른다.
2. 벽곤 PG: 곤초를 위에서 아래로 내리친다. 힘은 곤의 전단에 이른다.
3. 운곤 YG: 곤이 머리 앞 상방 또는 상방에서 평원으로 한 바퀴 감아 돌린다. 힘은 곤의 전단에 이른다.
4. 붕곤 BG: 곤초를 위로 또는 좌우로 향하여 긴박하게 힘을 튕기고 털어 쓴다.

힘은 곤초에 이른다.

5. 교곤 JG: 곤초 또는 곤파가 안쪽으로 향하거나 밖으로 향해 입원으로 감아 돌린다. 곤초 또는 곤파가 어깨보다 높으면 안 되며 무릎보다 낮아서는 안 된다. 힘은 초단 또는 파단에 이른다.
6. 착곤 CG: 곤초 또는 곤파를 직선으로 앞을 향해 찌른다. 힘은 초단 또는 파단에 이른다.
7. 점곤 DG: 곤초를 아래로 향해 빠르게 힘을 써서 찌른다. 힘은 곤초에 이른다.
8. 제료화곤 TLHG: 곤을 몸에 바짝 붙이는 것이 요구되며 좌우로 입원으로 감아 돌린다. 빠른 속도가 요구된다.
9. 보형: 궁보, 부보, 허보.

8) 태극검 TTJ

1. 자검 JJ: 검을 곧게 찌르며 힘은 검첨에 이른다. 팔과 검신은 일직선을 이룬다.
2. 괘검 GJ: 검을 세워서 앞으로부터 위에서 뒤로 또는 아래에서 뒤로 몸에 붙여서 입원으로 감아 돌린다. 힘은 검신 앞부분에 이른다.
3. 료검 LJ: 검을 세워 아래로부터 앞쪽 윗부분을 향해 호형으로 걷어 올려 벤다. 힘은 검신 앞부분에 이른다.
4. 점검 DJ: 손목을 제껴서 검을 세우고 검첨을 앞쪽 아래로 점찍듯이 찍는다. 힘은 검첨에 이른다.
5. 벽검 PJ: 검을 세워서 위에서 아래를 향해 쪼개듯이 내리친다. 힘은 검신에 이른다.
6. 절검 JeJ: 검신이 사선으로 하여 위로 또는 아래로 향해 벌려 벤다. 힘은 검신 앞부분에 이른다.
7. 말검 MJ: 검이 수평으로 우(좌)측 앞쪽을 향하고 좌(우)측 방향으로 뻗쳐 끌어 호형을 이룬다. 높이는 가슴과 복부사이며, 힘은 검신에 이른다.
8. 교검 JoJ: 검을 수평하게 하여 검첨이 좌(우)측 방향으로 작은 입원되게 감아 돌린다. 힘은 검신 앞부분에 이르도록 하며 팔꿈치는 약간 구부린다.

9. 보형: 궁보, 부보, 허보.

9) 남도 ND

1. 전두 GN: 도첨을 밑으로 하여 도배를 왼쪽 어깨에서 오른쪽 어깨까지 붙여 감아 돌리며 두부는 바르게 세운다.
2. 과뇌 GN: 도첨을 밑으로 하여 도배를 오른쪽 어깨에서 왼쪽 어깨까지 붙여 감아 돌리며 두부는 바르게 세운다.
3. 벽도 PD: 도를 세워서 위로부터 아래를 향해 쪼개듯이 치며 힘은 도인에 이른다. 팔과 도는 일직선을 이룬다.
4. 말도 MD: 도인을 좌(우)측 앞쪽을 향하게 하여 좌(우)측 방향으로 뻗쳐 끌어 호형을 이룬다. 높이는 가슴과 복부사이며, 힘은 도인에 이른다.
5. 격도 GD: 도첨을 위(아래)로 향하게 하여 좌(우)측으로 벌여 막는다. 힘은 도신에 이른다.
6. 절도 ND: 도인을 사선으로 하여 위로 향하거나 아래를 향해 벤다. 힘은 도인 앞부분에 이른다.
7. 소도 SD: 도인을 좌(우)측 앞쪽을 향하게 하여 좌(우)측을 향해 횡으로 벤다. 높이는 복사뼈 높이며 힘은 도인에 이른다.
8. 전완화도 JWHD: 손목을 축으로 하여, 도가 팔 양측으로 몸에 바짝 붙여서 입원으로 감아 돌린다. 도인과 도배는 분명해야 한다.
9. 보형: 궁보, 허보, 기룡보.

10) 남곤 NG

1. 벽곤 PG: 양손으로 곤을 잡고 곤으로 위에서 아래로 쪼개는 힘을 사용한다. 힘은 곤의 전단에 이른다.
2. 붕곤 BG: 양손으로 곤을 잡아 앞 손은 팔꿈치를 구부리며 돌려 당기고 뒷손은 앞으로 민다. 곤초를 위로 향하거나 좌우로 빠르게 힘을 사용한다. 힘은 곤초에 이른다.

3. 교곤 JG: 곤초 또는 곤파가 안쪽으로 향하거나 밖으로 향해 입원으로 감아 돌린다. 어깨보다 높으면 안 되며, 무릎보다 낮아서는 안 된다. 힘은 초단 또는 파단에 이른다.
4. 곤압곤 GYG: 양손으로 곤을 잡고 동시에 돌려 당긴다. 앞 손의 팔은 밖으로 돌면서, 대퇴위에 가라앉혀 누른다. 수심은 위로 향하고 힘은 곤의 전단에 이른다.
5. 격곤 GG: 곤신을 수직으로 세우고 몸 앞에서 좌(우)측을 향해 횡으로 막는다. 힘은 곤신에 이른다.
6. 격곤 JG: 양손으로 곤을 잡고 곤의 초단 또는 파단으로 좌우를 향하여 횡으로 친다. 힘은 곤단에 이른다.
7. 정곤 DG: 양손으로 곤을 잡고 곤초가 앞쪽 위로 향하게 하여 부딪치며 곤파를 바닥에 기둥처럼 세운다. 힘은 곤첨에 이른다.
8. 포곤 PoG: 양손으로 곤을 잡고 아래로부터 위를 향해 힘을 모아 던져 친다. 힘은 곤초에 이른다.
9. 보형: 궁보, 허보, 기룡보.

4. 일반기술동작

1) 장권

1. 수형: 권, 장, 구.
2. 보형: 헐보, 좌반, 정보, 정자보, 반마보, 병보, 고허보, 횡차, 수차, 차보, 횡당보.
3. 보법: 상보, 퇴보, 삽보, 개보, 행보, 종보, 약보, 답보, 격보.
4. 권법: 충권, 벽권, 관권, 잡권, 재권, 료권, 초권, 붕권, 횡권.
5. 장법: 추장, 도장, 천장, 량장, 가장, 개장, 감장, 안장, 벽장.
6. 주법: 반주, 격주, 가주, 고주.

7. 퇴법: 등퇴, 정척퇴, 사척퇴, 측척퇴, 도척퇴, 단박각, 이합박각, 파련박각 점퇴, 산퇴, 전퇴.
8. 평형(정지시간 반드시 1초유지): 제슬평형, 반퇴평형, 탐해평형, 망월평형, 와운평형.
9. 도약: 등공전탄, 등공전신도, 랍퇴번신도, 등공사비각, 등공쌍비각, 등공연환비각, 등공도척.

2) 태극권

1. 수형: 권, 장, 구.
2. 동작: 람찰의, 랄제세, 전신대랄, 여봉사폐, 백학량시, 사비세, 수휘비파, 사신고, 배절고, 단편, 섬통비, 고탐마, 루슬타추, 재추, 주저추, 곤주, 피신복호, 만궁사호, 금계독립, 독립과호, 상보칠성.

3) 남권

1. 수형: 권, 단주권, 오공권, 학정권, 봉안권, 강자권, 장, 용두장, 용조, 응조, 학취수, 학정수, 단지, 쌍지, 겸도구.
2. 보형: 궁보, 허보, 마보, 겸양마보, 쌍궁보, 반마보, 질좌반보, 궤보, 독립보, 횡당보, 호당보, 괴보, 좌련보.
3. 보법: 상보, 퇴보, 진보, 철보, 도삽보, 약보, 과보, 괴보, 타보, 개도보.
4. 권법: 편권, 소권, 정권, 당권, 관권, 벽권, 충권, 삽권.
5. 장법: 절장, 삽장, 차장, 접장, 추장, 도장, 탁장, 복장, 탱장, 호신장.
6. 조법: 앙조, 조조, 나조, 삽조, 료조, 륵수.
7. 구수수법: 전탁, 횡탁, 구루수, 료탁.
8. 지법: 추지, 삽지.
9. 교법: 권교, 침교, 벽교, 전교, 전교, 천교, 추교, 압교, 절교, 가교, 공교, 달교.
10. 주법: 당주, 압주, 정주, 제주, 격주, 고주, 단주, 전주.
11. 퇴법: 등퇴, 측단퇴, 후파퇴, 전소퇴, 후소퇴, 채퇴, 타퇴, 산퇴, 호미퇴, 후

괘퇴, 료퇴, 편마.

12. 평형

13. 도약: 등공전탄, 등공괘면, 도약쌍호미퇴

4) 검술

- 운검, 말검, 교검, 천검, 소검, 가검, 도검, 포검, 란검, 제검, 대검, 삭검, 료완화.

5) 도술

- 료도, 소도, 감도, 완화도, 절도, 장도, 견배도, 붕도, 점도, 도도, 말도, 추도, 착도, 분도, 대도, 포도, 봉도, 가도, 격도, 안도.

6) 창술

- 도창, 벽창, 발창, 솔창, 전창, 파창, 요후천창, 소창, 대창, 랍창, 타창, 가창, 박창, 견배창, 포창, 료창, 축창, 벽파, 교파, 착파, 횡격파, 발파, 괘파, 소파.

7) 곤술

- 발곤, 점곤, 천곤, 추곤, 가곤, 란곤, 탁곤, 도곤, 괘곤, 압곤, 소곤, 포곤, 거곤, 협곤, 횡격곤, 포접곤, 단수무화곤, 주지곤.

8) 태극검

- 운검, 가검, 도검, 포검, 란검, 제검, 대검, 삭검, 천검, 소검, 참검.

9) 남도

- 운도, 괘도, 료도, 감도, 장도, 견배도, 붕도, 점도, 도도, 추도, 좌도, 분도, 대도, 포도, 봉도, 가도, 안도, 참도.

10) 남곤

- 륜곤, 천곤, 추곤, 가곤, 란곤, 탁곤, 도곤, 괘곤, 압곤, 발곤, 소곤, 점곤, 붕곤, 착곤, 개곤, 탄곤, 솔곤, 무화곤, 좌곤, 장곤, 포곤, 협곤.

5. 기 타

1) 경기장 설명도

심판석 위치도

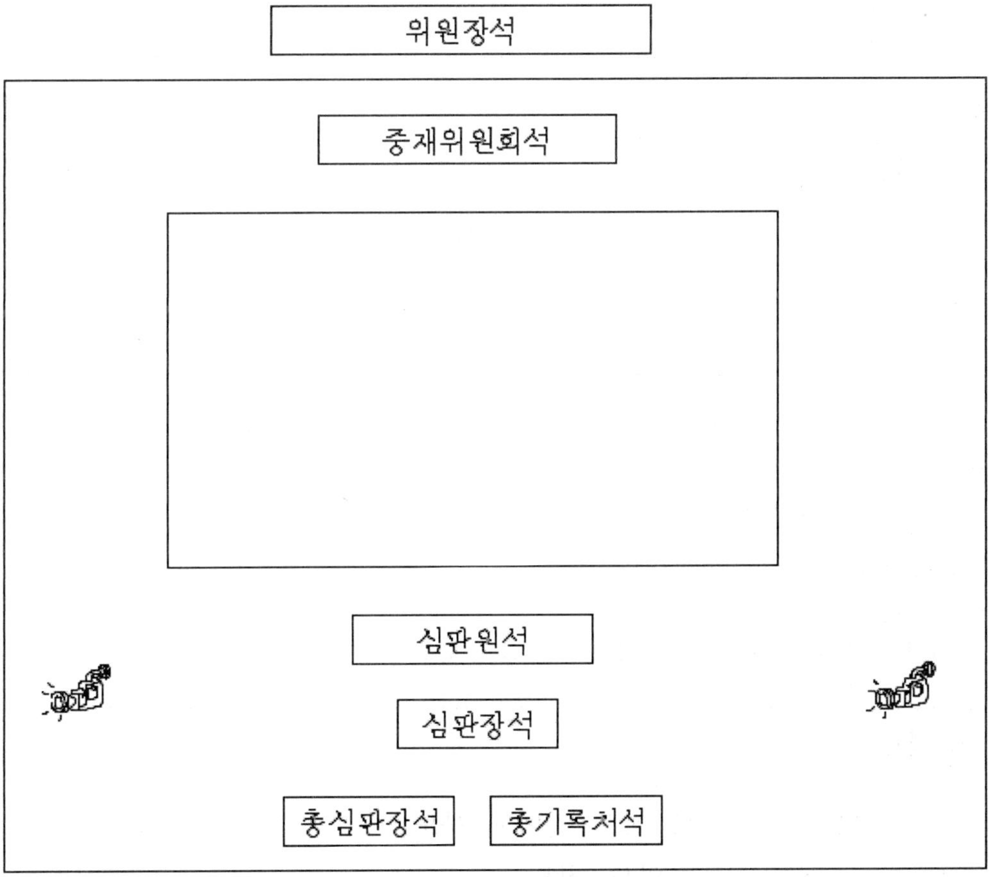

각 조 심판원 위치도

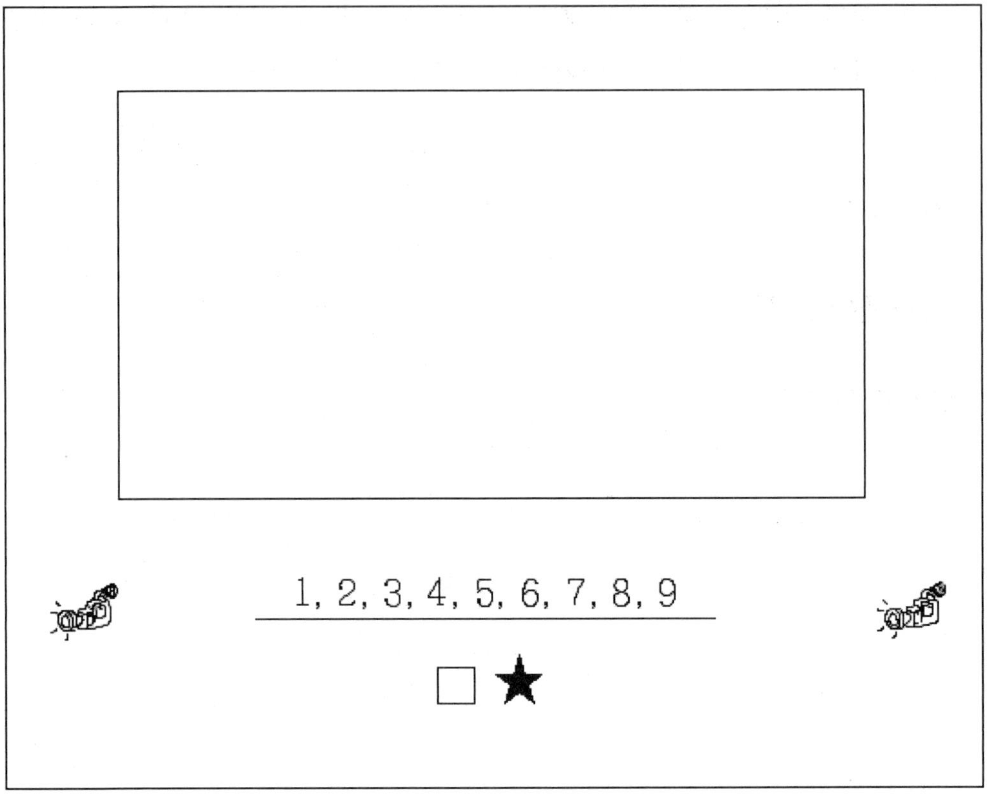

설명:
심판석은 위원장석 맞은편에 위치하고, 두 줄로 나눠서 배치한다. 뒷자리는 앞자리보다 40cm 높게 하고, 심판원간에는 50cm의 간격이 있어야 한다.
1, 4, 7은 A조 심판원석.
3, 6, 9는 B조 심판원석.
2, 5, 8은 C조 심판원석.
★: 심판장석.
□: 컴퓨터의 위치.
카메라: 중재촬영원석.

2) 상용서식

국제우슈연합회 기술위원회 제작

자선투로 신창작 기술 신고심사표

<table>
<tr><td>부문</td><td></td><td>성명</td><td></td><td>성별</td><td></td><td>종목</td><td></td><td>신장</td><td></td><td>사이즈</td><td></td></tr>
<tr><td colspan="12">동작난도와 연결난도 그림표시</td></tr>
<tr><td colspan="4">(1)</td><td colspan="8">동작설명
투로 중 출현한 동작난도, 연결난도와 창신난도의 내용에 따라, 순서에 따라 난도등급을 계산하고, 좌에서 우로 기입 표시한다.
1, 난도판정통계와 현장판정 난에는 기입하지 않는다.
2, 투로 진행노선 위에 "●"로 난도가 출현한 위치를 표시하고, 아울러 동작부호를 단다. 연결난도부호는 반드시 동작난도부호 아래에 기입해야 한다.
3, "△"로 기세를 표시, "○"로 수세를 표시, "~"로 노선을 표시, "▲"로 방향을 표시한다.
4, 예시:
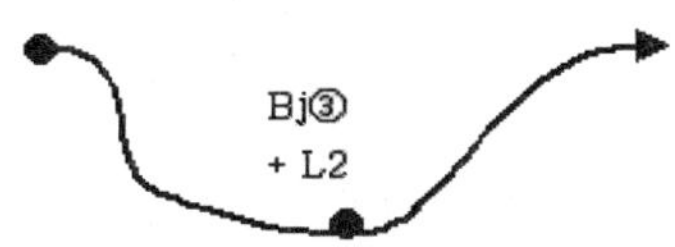

5, "▭"는 심판장석을 대표한다.
6, 신장단위는 cm이다.</td></tr>
<tr><td colspan="4">(2)</td><td colspan="8"></td></tr>
<tr><td colspan="4">(3)</td><td colspan="8"></td></tr>
<tr><td colspan="4" rowspan="6">(4)</td><td colspan="4">난도등급</td><td colspan="4">현장판정</td></tr>
<tr><td colspan="2">동작난도</td><td colspan="2"></td><td colspan="2">동작난도</td><td colspan="2"></td></tr>
<tr><td colspan="2">연결난도</td><td colspan="2"></td><td colspan="2">연결난도</td><td colspan="2"></td></tr>
<tr><td colspan="2">창신난도</td><td colspan="2"></td><td colspan="2">창신난도</td><td colspan="2"></td></tr>
<tr><td colspan="2">난도누계</td><td colspan="2"></td><td colspan="2">난도누계</td><td colspan="2"></td></tr>
<tr><td colspan="4">코치 서명:</td><td colspan="4">심판원 서명:</td></tr>
</table>

<table>
<tr><td rowspan="3">1</td><td>난도내용</td><td></td><td></td><td></td><td></td><td></td><td></td><td></td></tr>
<tr><td>난도점수</td><td></td><td></td><td></td><td></td><td></td><td></td><td></td></tr>
<tr><td>현장판정</td><td></td><td></td><td></td><td></td><td></td><td></td><td></td></tr>
<tr><td rowspan="3">2</td><td>난도내용</td><td></td><td></td><td></td><td></td><td></td><td></td><td></td></tr>
<tr><td>난도점수</td><td></td><td></td><td></td><td></td><td></td><td></td><td></td></tr>
<tr><td>현장판정</td><td></td><td></td><td></td><td></td><td></td><td></td><td></td></tr>
<tr><td rowspan="3">3</td><td>난도내용</td><td></td><td></td><td></td><td></td><td></td><td></td><td></td></tr>
<tr><td>난도점수</td><td></td><td></td><td></td><td></td><td></td><td></td><td></td></tr>
<tr><td>현장판정</td><td></td><td></td><td></td><td></td><td></td><td></td><td></td></tr>
<tr><td rowspan="3">4</td><td>난도내용</td><td></td><td></td><td></td><td></td><td></td><td></td><td></td></tr>
<tr><td>난도점수</td><td></td><td></td><td></td><td></td><td></td><td></td><td></td></tr>
<tr><td>현장판정</td><td></td><td></td><td></td><td></td><td></td><td></td><td></td></tr>
</table>

3) 자선종목난도 코드 식별대조표

평형, 퇴법 동작난도 코드 식별

분류	1급 코드	상태	2급코드	퇴식(腿式)	3급코드	4급코드
평형퇴법	1 2	직립(直立)	1	반(搬)	1	A level
		앙신(仰信)	2	척(踢)	2	B level
		부신(俯身)	3	공(控)	3	C level
		굴준(屈蹲)	4	소(掃)	4	

도약, 질박 동작난도 코드 식별

분류	1급 코드	상태	2급코드	퇴식(腿式)	3급코드	4급코드
도약질박	3 4	직체(直體)	1	무(无)	1	A level
		수전(垂轉)	2	전상척(前上踢)	2	B level
		시전(矢轉)	3	향내, 좌	3	C level
		액전(額轉)	4	향내, 우	4	
		복전(復轉)	5	향전	5	
				향후	6	

동작연결과 포접 코드

부보	아보	접보	제슬독립	질수차	착지룡	좌반	궁보	단각박	포접
+0	+1	+2	+3	+4	+5	+6	+7	+8	+9

주의: 난도동작은 기술의 발전에 따라 점차적으로 조정한다.

4) 우슈 투로경기의 예의

1. 포권례: 발을 가지런히 하고 서서 좌장을 우권에 가슴 앞에서 마주 댄다.(좌지근과 우권릉을 서로 조화시킴). 손은 가슴높이로 하고 양손과 가슴과의 간격은 20-30cm이다.
2. 포도례: 발을 가지런히 하고 서서 왼손으로 도를 잡는다. 팔을 구부리고 도를 가슴 앞에서 가로로 들며 도인은 위를 향한다. 오른손은 장을 만들어 장심을

왼손모지의 첫 번째 마디위에 붙인다. 손은 가슴높이로 하고, 양손과 가슴과의 간격은 20-30cm이다.

3. 지검례: 발을 가지런히 하고 서서, 팔을 구부리고, 가슴 앞에서 사선, 횡으로 검신을 팔 바깥쪽에 대서 든다. 오른손은 장을 만들어 장외연을 왼손 식지손가락 뿌리에 붙인다. 손은 가슴높이로 하고 양손과 가슴과의 간격은 20-30cm이다.
4. 지창(곤)례: 발을 가지런히 하고 서서 오른손으로 창(곤)의 파단을 잡고(3분의 1 지점), 팔을 구부려서 가슴 앞에 위치하고 창(곤)은 똑바로 세운다. 왼손은 장을 만들어 오른손의 모지 두 번째 마디 위에 붙인다. 양손과 가슴과의 간격은 20-30cm이다. 선수가 만약 쌍기계를 잡았다면 당연히 기계를 교차해서 한손으로 잡고 포도례 또는 지검례, 지창(곤)례를 행한다. 만약 례를 행하는 것이 알맞지 않을 때는, 양손으로 기계를 잡고 심판장을 향해 차려 자세로 주목례를 한다. 기타 기계는 이상의 각종 예의를 참고하여 실시한다.

동작 연결과 포접코드

포권례(抱拳礼)	포도례(抱刀礼)	지검례(持剑礼)	지창(곤)례(持枪(棍)礼)

주: 검록원의 기계 검사 또는 심판장의 기계 검사 요구 시 단기계라면 선수는 당연히 기계 끝을 밑으로 하고 수직으로 하여 심판단에 건네야 하고 장기계라면 기계 끝을 위로하고 수직으로 세워서 심판단에 건네야 한다.

- 참고문헌 -

고영근. 고교수의 태극권 특강. 세종출판사. 2005.

김정우. 정우태극권. 도서출판 서림. 2003.

박재홍, 파워태극권, 삼호미디어. 1998.

이명찬. 武術 -권술편-. 도서출판 홍경. 1999.

이명찬 · 박찬대. 우슈심판론. 도서출판 진영사. 2022.

이명찬 · 남윤현. 태극권교학. 도서출판 홍경. 2003.

이명찬. 태극권의 기본 동작에 관한 연구. 명지대학교 예체능연구소. 2002

조셉 머콜라. https://korean.mercola.com/멀콜라 박사와의 만남.aspx

李德印, 24식太極判 教与学, 人民體育出版社. 2005.

太極拳-八式 · 十六式-. 人民體育出版社. 2000.